中国旅游发展年度报告书系
Annual Development Report of China's Tourism

中国区域旅游发展年度报告
2015—2016

ANNUAL REPORT OF CHINA
REGIONAL TOURISM DEVELOPMENT
2015—2016

中国旅游研究院

北京·旅游教育出版社

责任编辑：郭珍宏

图书在版编目(CIP)数据

中国区域旅游发展年度报告. 2015－2016 / 中国旅游研究院著. －－北京：旅游教育出版社，2016.6
ISBN 978-7-5637-3422-1

Ⅰ.①中… Ⅱ.①中… Ⅲ.①区域旅游—旅游业发展—研究报告—中国—2015－2016 Ⅳ.①F592.7

中国版本图书馆 CIP 数据核字(2015)第 141731 号

中国区域旅游发展年度报告 2015—2016
中国旅游研究院 著

出版单位	旅游教育出版社
地　　址	北京市朝阳区定福庄南里 1 号
邮　　编	100024
发行电话	(010)65778403 65728372 65767462(传真)
本社网址	www.tepcb.com
E － mail	tepfx@163.com
排版单位	北京旅教文化传播有限公司
印刷单位	北京中科印刷有限公司
经销单位	新华书店
开　　本	787 毫米×1092 毫米　1/16
印　　张	8.375
字　　数	111 千字
版　　次	2016 年 6 月第 1 版
印　　次	2016 年 6 月第 1 次印刷
定　　价	55.00 元

(图书如有装订差错请与发行部联系)

《中国区域旅游发展年度报告 2015—2016》编辑委员会

主任委员：戴　斌　中国旅游研究院院长　教授　博士
编　　委：（按姓名音序排序）
　　　　　戴　斌　蒋依依　李仲广　马晓龙　宋子千
　　　　　唐晓云　夏少颜

《中国区域旅游发展年度报告 2015—2016》编辑部

主　　编：张佑印　中国旅游研究院区域旅游发展与规划研究所
　　　　　副研究员　博士
执行主编：吴丰林　中国旅游研究院区域旅游发展与规划研究所
　　　　　博士
编辑部成员：（按姓名音序排序）
　　　　　白奔　陈梓柠　程菲　董慧云　黄璜　李雪
　　　　　马晓龙　牟丽梅　吴丰林　张晓楠　张佑印

前 言

随着信息技术和交通技术的不断发展，传统区域的区位优势正在不断弱化，区域间经济差异正在不断缩小。在此大背景下，了解我国区域旅游业发展变化的特征具有重要意义。2015年，在旅游"515战略"引领下，区域旅游改革和创新发展的动力强劲，各级地方党委、政府及相关部门统一共识，不断完善目的地基础设施建设。而在"旅游+"、全域旅游战略思维下，我国乡村旅游、农牧旅游、工业旅游、林业旅游、商务旅游、研学旅游、医疗旅游、养老旅游、健康旅游、休闲度假、文化旅游、红色旅游等新型旅游业态不断涌现，旅游产业呈现多元化发展的新气象，区域旅游产业融合不断深入。2015年作为我国"十二五"的收官之年，区域旅游业各项指标均表现出较好的态势。其中，国内旅游人数已经达到40亿人次，比上年增长10.5%，国内旅游收入34 195亿元，增长13.1%。入境游客13 382万人次，增长4.1%。其中，外国人2599万人次，下降1.4%；香港、澳门和台湾同胞10 783万人次，增长5.6%。在入境游客中，过夜游客5689万人次，增长2.3%。国际旅游收入1137亿美元，增长7.8%。国内居民出境12 786万人次，增长9.7%。其中因私出境12 172万人次，增长10.6%；赴港澳台出境8588万人次，增长4.4%。

客源地方面，2015年我国客源地分布依然呈现东、中、西三级阶梯状发展格局，其中，东、中、西三大区域出游力比例总体呈现出"7∶2∶1"的形态。区域层面，我国客源主要集中在环渤海、长三角、珠三角以及成渝四大经济区，累计占我国55.3%的出游比例。省级尺度，我国出游力极强地区包括：北京、上海、广东、江苏、浙江等5省市。出游力强的地区包括：辽宁、福建、湖北、河北、河南、湖南；出游力较强的地区包括：四川、陕西、重庆、安徽、黑龙江、山西；出游力一般地区包括：吉林、江西、内蒙古、海南、广西、新疆、云南；出游力弱的地区包括：宁夏、甘肃、贵州、青海、西藏。客源地城乡分异方面，2015年我国城镇居民出游率远高于农村居民，分别为373.1%和167.2%。而在游客特征方面，我国客源市场总体呈现出男性比例高于女性，中青年仍是出游的主力军，出游率与受教育程度成正比等。

目的地方面，2015年国内各省份旅游接待量差距显著，地域分布不均，东部地区持续处于主导地位。其中区域层面上，东部地区接待国内游客数量最多，共接待39.23亿人次，占全国接待总人数的39.27%。接待国内游客数量最少的是东北地区，2015年国内游客接待量仅为6.66亿人次，比去年呈现下降趋势，占全国旅游接待人数总量的6.67%。此外，中部和西部地区国内旅游接待量差距较小，二者分别接待国内游客26.77亿和27.25亿，分别占全国总量的26.80%和27.27%。省际层面上，2015年接待游客排名前9名的省份分别为广东、山东、江苏、四川、浙江、河南、湖北、湖南、安徽，其国内旅游接待量均大于4亿人次，保持着国内旅游接待量领先的优势；2015年各省份国内旅游接待量的增速减慢，区域增长不均衡，中部和西部增长率领先。区域尺度上，除东北地区呈现负增长外，东、中、西地区游客接待量增长率均超过10%。省级尺度上，旅游接待量增长最快的前三个地区依次为西藏、甘肃、新疆，其中年增长率超过30%的仅有西藏，而接待量增长率在20%～30%之间的有甘肃、新疆、江西、黑龙江和山西5个省份，国内旅游接待量增长率不足10%的地区有宁夏、浙江、四川、江苏、山东、北京、上海、辽宁共8个省市区。其中，辽宁省出现旅游接待量负增长。旅游收入方面，2015年东部地区国内旅游收入占全国国内旅游收入比例最高，东北地区最低，分别为46.35%和6.83%。省级尺度上，国内旅游收入增长率最高的是新疆，为58.99%，其次是江西和西藏，所占比重分别为37.7%和37.25%。国内旅游人均消费方面，2015年，游客在东部地区消费最高，人均消费为1249.92元，其次是东北地区，人均消费为1085.58元，西部和中部地区相对较少。省级尺度上，内蒙古的国内旅游人均消费位居全国第一，为2626.74元，最低为重庆，仅为575.19元。国内旅游收入占GDP比重方面，各省份之间差距呈逐步缩小的态势，其中西部地区和中部地区的比重较高。省级尺度上，全国国内旅游收入占GDP比重最高的是贵州，高达33.45%，最低是宁夏，所占比例为5.47%。目的地绩效方面，2015年我国大部分省区的旅游目的地绩效指数较2014年排名无显著变动，呈现均衡发展趋势。其中，江西排名提升幅度最大，上升4个名次，其次是河北，上升3个名次，云南上升2个名次。四川、河南、湖北、湖南、安徽各上升1个名次。有17个省区与去年保持相同名次。相反，名次下降的省市有6个，分别为北京、辽宁、上海、山西、陕西、浙江。总体来看，2015年目的地发展指数排名前五位的省份仍为广东、江苏、山东、四川、浙江，较2014年相比四川排名上升1个名次。

旅游流方面，我国区域旅游流主要划分为大尺度、中尺度、小尺度三个层面。大尺度旅游流主要是长三角经济区与珠三角经济区的双向旅游流、环渤海经济区与珠三角经济区的双向旅游流、长三角经济区与环渤海经济区的双向旅游流、东部三大经济区与成渝地区的双向旅游流以及长三角经济区与中部地区的双向旅游流。中尺度旅游流主要是环渤海经济区、长三角经济区、珠三角经济区及中部六省地区，其中，珠三角经济区内以广东作为客源地和目的地的流量增幅较大。旅游流通道便捷度方面，环渤海经济区流向东北地区的旅游流通道便捷度相对最大，旅游流通道便捷指数为1.26；长三角经济区流向珠三角地区的旅游流通道便捷度相对最大，旅游流通道便捷指数为0.83；珠三角经济区流向中部地区的旅游流通道便捷度相对最大，旅游流通道便捷指数为1.11；中部地区内部的旅游流通道便捷度相对最大，旅游流通道便捷指数为1.97；东北地区流向环渤海经济区的旅游流通道便捷度相对较大，旅游流通道便捷指数为0.63；成渝地区流向云贵地区的旅游流通道便捷度相对最大，旅游流通道便捷指数为0.38。

作为"十三五"规划发展的开局之年，2016年，我国区域旅游业也将面临大的发展机遇与挑战。其中"一带一路"、京津冀协同发展、长江旅游经济带等国家战略的有序推进，区域旅游合作与一体化发展将日趋完善，"三横两纵"（长江沿线旅游带、中国古老长城旅游带、陇海兰新旅游协作区和京杭大运河旅游带、青藏铁路旅游带）区域旅游空间格局将进一步得到优化。而在"旅游+""515战略"以及全国旅游业"十三五"规划的指导下，全国将形成一批乡村旅游、农牧旅游、工业旅游、商务旅游、研学旅游、医疗旅游、养老旅游、健康旅游、休闲度假、文化旅游、红色旅游等产业集群，为区域旅游业发展注入新活力。客源地方面，转变旅游发展思路，变革旅游发展模式，创新旅游发展战略，从"景点旅游"向"全域旅游"转变，为游客提供了全方位、系统化的旅游服务。在精准扶贫战略的指引下，逐步消除城乡二元结构，带动乡村旅游的发展；目的地方面，大力调整旅游供需矛盾与产品结构，着力解决旅游产品结构的突出矛盾，逐步减少旅游娱乐、购物、体验、文化消费，调和交通、住宿、景区门票等刚性消费支出比重较高的现状。旅游品牌创建，促进旅游目的地品质突破，实现要素配置向服务体系构建、粗放服务向精细和品质服务、传统服务向专业服务等的转变,实现景点、产品、宾馆酒店等有形内容向旅游文化、旅游服务、旅游体验等无形内容的转变;旅游流方面,在"一带一路"、京津冀协同发展、长江旅游经济带等国家战略带动下,推动以三大区域中心和十大城市群为载体的区域旅游合作与一体化发展。在"旅游+""515战略"有序推进下,做好做足"旅游+"大文章,打造一批乡村旅游、红色旅游、研学旅行、智慧旅游的创客基地,拓展区域旅游创新发展空间。

目 录
CONTENTS

第一章 区域旅游发展状况与特征 …………………………………… 1
　一、2015 年区域旅游发展的总体状况 ………………………………… 2
　二、"十二五"时期区域旅游发展特征回顾 ………………………… 16

第二章 旅游客源地研究 ……………………………………………… 21
　一、客源地潜在出游力的区域分异特征 ……………………………… 22
　二、客源地城乡分异特征 ……………………………………………… 24
　三、"十二五"时期客源地发展回顾 ………………………………… 31
　四、"十三五"时期客源地发展趋势展望 …………………………… 35

第三章 旅游目的地研究 ……………………………………………… 39
　一、国内旅游目的地研究框架 ………………………………………… 40
　二、国内旅游目的地识别 ……………………………………………… 41
　三、国内旅游目的地主要特征 ………………………………………… 53
　四、国内旅游目的地发展驱动力 ……………………………………… 64
　五、"十二五"时期旅游目的地发展回顾 …………………………… 70
　六、"十三五"时期区域目的地发展趋势展望 ……………………… 72

第四章 区域旅游流研究 ……………………………………………… 75
　一、区域旅游流主要特征 ……………………………………………… 76
　二、旅游流通道便捷度 ………………………………………………… 100
　三、"十二五"时期区域旅游流发展回顾 …………………………… 113

1

四、"十三五"时期区域旅游流发展趋势展望 …………………………… 114

第五章　区域旅游发展的环境与趋势判断 ………………………………… 117
　　一、2016年区域旅游发展的环境判断 ……………………………………… 118
　　二、"十三五"时期区域旅游发展趋势展望与建议 ………………………… 121

第一章
区域旅游发展状况与特征

2015年我国区域旅游发展各项指标表现良好，呈现出稳固增长的态势。全年国内游客40亿人次，比上年增长10.5%，国内旅游收入34 195亿元，增长13.1%。入境游客13 382万人次，增长4.1%。其中，外国人2599万人次，下降1.4%；香港、澳门和台湾同胞10 783万人次，增长5.6%。在入境游客中，过夜游客5689万人次，增长2.3%。国际旅游收入1137亿美元，增长7.8%。国内居民出境12 786万人次，增长9.7%。其中因私出境12 172万人次，增长10.6%；赴港澳台出境8588万人次，增长4.4%。2015年中国区域旅游发展仍呈现东中西梯度递减的基本格局，但区域间的差距逐渐缩小。在国家"一带一路"、京津冀协同发展、长江旅游经济带等战略以及交通方式变革的带动下，区域旅游一体化格局继续深化。旅游"515战略""旅游+"、全域旅游等战略的实施，促使区域旅游发展在内涵上不断丰富、在空间上不断拓展。同时，区域旅游也呈现出发展方式不断创新、与各产业融合进一步深化等特征。

一、2015年区域旅游发展的总体状况

为了更好地把握我国区域旅游格局的变化趋势，迎接"十三五"规划的开启之年，本报告在研究2015年区域旅游总体状况的基础上，对过去5年区域旅游的发展进行了简要回顾。

（一）国内旅游：东部地区基数大，中西部增速快，区域差距逐渐缩小

以"十一"国庆黄金周为代表，2015年全国各地区及旅游城市的国内旅游总体实现全面稳步增长，取得了良好的社会经济效益。

1. 旅游接待情况：东部地区为主，中西部发展迅猛

根据2015年"十一"黄金周全国各省区市旅游收入情况的统计，在已经公布数字的15个省区市中，山东省以392.1亿元列旅游总收入排行榜第一名（见表1-1）。其中有10个省区市旅游总收入超过100亿元，分别为山东省、四川

省、河南省、山西省、陕西省、湖南省、安徽省、湖北省、贵州省及福建省，前6个省市超过200亿元。从区域分布来看，在已公布的15个省区市排行榜中，东中西部分别有5个省市，第一次出现省市上的数量持平，东中西部差距进一步缩小，在收入超过200亿元的省市中，中部地区占3个，发展势头强劲。

与2014年"十一"黄金周全国各省旅游总收入的情况相比，山东省以392.1亿元排名第一，继续处于领先地位，四川省继续保持第二名的收入排名，同期接待量达5349.76万人次，成为"十一"黄金周中接待量最多的省市。吉林取代四川成为全国各省市区旅游收入增长最快的省份，达28.50%。在游客接待量中，陕西增速最快，达4088.6万人次，也是西部地区除四川外接待量最大的省市，此外，东部的福建以及西部的贵州游客增长率也达到20%以上，发展潜力较大。

2015年是小客车免费通行政策实施以来的第四个国庆长假，免费首日高速公路通行状况较2014年同期有所好转，游客错峰出行意识增强，长时间集中拥堵路段明显减少。同时，游客出行需求呈多样化的发展趋势，城市休闲、乡村旅游受到游客的欢迎，假日旅游方式从传统的观光型向观光休闲复合型转变，旅游拉动消费作用明显。黑龙江部分城市的自由行、京郊休闲旅游及乡村旅游、湖南及贵州的红色旅游表现突出。

表1-1　2015年"十一"黄金周各省区市接待量及旅游收入

地区	游客接待量（万人次）	比上年增长（%）	旅游总收入（亿元）	比上年增长（%）
山东	5139.1	8.20	392.1	12.80
四川	5349.76	14.50	316.45	24.50
河南	4570.4	10.50	266.2	11.70
山西	3357.63	17.22	213.47	16.15
湖南	3762.26	7.58	201.59	7.98
陕西	4088.6	24.30	200.9	26.50
安徽	5101.5	10.20	178.6	11.20

续表

地区	游客接待量（万人次）	比上年增长（%）	旅游总收入（亿元）	比上年增长（%）
湖北	3517.05	11.07	165.9	12.48
贵州	2116.22	20.60	136.35	21.30
福建	1848.99	20.40	124.37	25.80
北京	1151.6	1.60	83.1	7.10
天津	764.19	1.10	68.35	8.10
重庆	2087.22	12.38	65.04	13.16
吉林	1001.45	19.60	59.45	28.50
甘肃	928.6	19.53	55.7	20.14

根据2015年"十一"黄金周全国重点旅游城市旅游收入情况的统计，在已经公布数字的10个城市中，成都市以105.46亿元列旅游总收入排行榜第一名，重庆市是接待游客总数最多的城市，达2087.22万人次。根据排行榜中的数据显示，有5个城市旅游总收入超过50亿元，分别为成都、杭州、北京、天津和重庆。排名前十位的旅游城市主要以东部地区为主，同时由于"十一"期间发生的"天价虾"事件，青岛的游客接待量与总收入增长幅度受到一定影响。"十一"黄金周期间旅游热点事件频发引起人们的关注，游客维权意识提高，市场秩序需进一步稳定。

表1–2　2015年国庆黄金周期间全国重点旅游城市收入排行榜

地区	游客接待量（万人次）	比上年增长（%）	旅游总收入（亿元）	比上年增长（%）
成都	1158.8	3.10	105.46	21.70
杭州	1305.74	1.58	98.39	4.55
北京	1151.6	1.60	83.1	7.10
天津	764.19	1.10	68.35	8.10
重庆	2087.22	12.38	65.04	13.16

续表

地区	游客接待量（万人次）	比上年增长（%）	旅游总收入（亿元）	比上年增长（%）
青岛	400.5	11.20	46.7	13.60
西安	787.4	11.28	37.25	12.74
洛阳	625.64	11.29	37.06	18.04
三亚	50.6	-5.40	23.11	23.69
厦门	163.06	5.85	18.52	5.56

从总体情况来看，过去五年我国国内旅游实现了持续全面增长，居民出游人数持续增多。根据《中国旅游业统计公报》显示，2010年我国国内旅游人数达21.03亿人次，2015年突破40亿人次，年均增长率达14%。从分地区接待情况来看①，东部地区仍然是国内旅游发展的主要力量，其历年国内旅游总收入分别为中部、西部和东北地区的2.72倍、2.75倍和5.35倍。西部地区发展潜力巨大，2010年旅游收入基本与中部地区持平，从2012年开始，便赶超中部地区，2014年达到20 771.80亿元，与2010年相比增长了近两倍，是我国国内旅游收入增长最快、发展势头最迅猛的区域，年均增速达27.26%；而东部与东北部地区增长率较为缓慢，分别为18.09%及18.31%。在国家政策的扶持、"一带一路"战略的推动、交通网络的完善和居民出游半径不断增加的情况下，东中西部地区差距进一步缩小，区域合作进一步深化，西部地区通过试点及个别省市的区域带动作用，成为国内旅游收入的第二贡献力量，取得了良好的社会经济效益。根据各省市近五年国民经济和社会发展统计公报的数据统计，青海省国内旅游收入年均增长率居全国首位，从2010年的57.18亿元增长至2014年的200.31亿元，年均增长率达36.81%，成为带动西部地区国内旅游发展的主要力量。随着兰新高铁全线通车运营，游客咨询中心和公厕等旅游服务设施的构建，青海省以发展自驾车、自行车"双车驱动"和乡村旅游为主要路径实现了投资强劲、品牌发力、消费向好的发展局面。甘肃省增长率也达34.52%，西部地区11个省市中，共有9个省市年均增长率达25%以上，国内

---

① 受统计资料限制，2015年年度数据尚未公布，仅研究2010—2014年的发展状况。

旅游收入实现了突破性的增长。增速较慢的省份集中在东部地区,其中上海市国内旅游收入年均增长率最低。综上所述,东部地区旅游经济总量一直高居全国首位,但旅游经济增速在全国区域板块中列居末位;中、西部地区与东部地区相比,旅游经济总量低,但增速远却远超东部。受所含省份少、经济规模相对较小等客观因素影响,东北地区旅游经济总量低,但增速却相对平稳,略高于东部地区。总体上、东、中、西、东北地区之间的国内旅游发展差距逐渐缩小,中、西部呈爆发性增长态势,东部和东北地区则稳中有进。

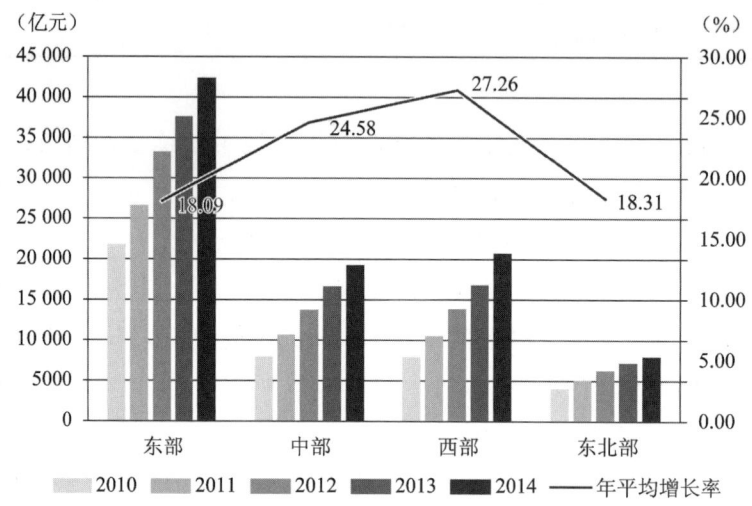

图1-1　2010—2014年分地区国内旅游接待情况

2. 出游情况:东部地区出游力旺盛,中西部地区需求空间较大

春节黄金周——根据携程旅行网联合中国旅游研究院发布的《2015春节旅游人气排行榜》和相关分析报告显示,相比2014年,北上广深仍是春节出行人气最旺城市,二三线城市成为新增长点,重庆、南京、武汉、西安、昆明等地出行人数增长最快。昆明2015年首次入选出行人气城市前十,以往仅为热门目的地;而北京以世界级旅游景点和独特年味吸引大量游客,首次当选国内旅游目的地第一名;与往年相似,厦门、三亚等南方城市仍是旅游者的主要目的地,以冰雪旅游为特色的哈尔滨位居第六位。此外,古镇因其独特的历史文化和浓郁的新年氛围,是春节期间的旅游热点。

2015年春节期间,当地碎片化的产品受到游客的喜爱,据数据显示,有超过10万游客通过携程预订全球87个目的地的"当地玩乐"产品,移动Wi-Fi

租赁、一日游、租车等产品最受欢迎。另外，春节黄金周预订门票的游客量大幅增长，5A景区、乐园、温泉、滑雪等当季门票最受欢迎。

表1-3 2015年春节期间旅游人气排行榜

分类	城市
国内十大出行人气城市	北京、上海、广州、深圳、成都、重庆、杭州、西安、南京、昆明
国内十大旅游目的地	北京、厦门、三亚、上海、昆明、哈尔滨、丽江、西安、广州、桂林
国内十大人气古镇	乌镇、大理、西塘、香格里拉、周庄、平遥、门头沟、婺源、凤凰、同里

根据2010—2014年春节期间出游城市排行榜的统计，城市综合排名较为稳定，前五名以上海、北京、广州、深圳四个东部城市及西部的成都为主，2014年北京超越上海成为最喜欢出游的十大城市之首。2010年中部武汉、长沙上榜，西部地区的重庆、西安及成都共三个城市上榜，2011年武汉和长沙排名下降，杭州进入前十，2014年中部地区只有武汉居于前十，西部地区的重庆、西安也从榜尾跃居到第六位、第七位。总体看来，春节出游最多的城市仍以较为发达的东部地区为主，中西部份额较少，整体排名波动较小，西部地区发展潜力较大。

表1-4 2010—2014年春节期间出游城市排行榜

分类	最喜欢出游的十大城市
2010	上海、北京、广州、深圳、成都、杭州、武汉、长沙、西安、重庆
2011（前九位）	上海、北京、广州、深圳、成都、三亚、杭州、重庆、西安
2012	上海、北京、广州、深圳、成都、杭州、重庆、西安、武汉、厦门
2013	上海、北京、广州、深圳、成都、杭州、三亚、昆明、厦门、重庆
2014	北京、上海、广州、深圳、成都、重庆、西安、杭州、厦门、武汉

"五一"小长假——"五一"小长假期间国内旅游增长平稳，旅游消费发展强劲，自由行成为新的增长爆发点，涨幅超过200%。国内出行人气城市仍以东部地区为主，前四位由北上广深占据，杭州、成都、南京、武汉、重庆、

天津等地出行人数增长最快,中部地区仅武汉上榜,三亚、厦门、桂林等地为旅游热点。根据携程数据显示,"五一"期间近一半的游客选择5月1日出行,出游的人群结构比其他节令更加年轻化。60%为1980年以后出生的游客,70后至60后占比为25%,其他年龄人群为15%。在60%的人群中,90后也随着毕业进入社会,出行意愿增强。

表1-5 "五一"期间旅游人气最旺的城市排名

分类	城市
国内十大出行人气城市	上海、北京、深圳、广州、杭州、成都、南京、武汉、重庆、天津
国内旅游热门城市	三亚、厦门、桂林、北京、杭州、九寨沟、丽江、西安、上海、昆明
国内旅游自由行	三亚、厦门、成都、西安、丽江、北京、杭州、广州、桂林、青岛

根据2010—2013年"五一"期间出游城市排名的统计,东中西部的城市排名差别较小,其中前六位较为稳定,后四位波动较大,整体排名与春节出游情况类似,南京从2010年的榜单之外到2013年跃居第六位,增长较为迅速,苏州于2013年首次上榜,其居民出行需求加大。总体看来,"五一"黄金周期间东部地区出游人数较多,中部地区较少,五年中只有武汉上榜,成都作为主要出游目的地,排名较为稳定,是历年西部地区出游人数最多的城市,东、中、西部区域总体上呈现7:1:2的榜单格局。

表1-6 2010—2013年"五一"期间出游城市排名

分类	最喜欢出游的十大城市
2010	上海、北京、广州、深圳、成都、杭州、西安、武汉、厦门、青岛
2011（前九位）	上海、北京、广州、深圳、成都、杭州、厦门、大连、西安
2012	上海、北京、广州、深圳、杭州、成都、南京、武汉、厦门、天津
2013	上海、北京、广州、深圳、杭州、南京、成都、重庆、武汉、苏州

注:2014年携程没有公布出游城市排名。

国庆黄金周——据"2015年国庆黄金周全景出行报告",北京、深圳、上海是最喜欢出游的前三大城市。较2014年相比,厦门、郑州、昆明、长沙、西安也进入前十。除传统的旅游方式外,大众对境内自由行的关注度也日益提升,总体看来,东部地区的主要城市仍然占据榜首,出行最多的为北京、上海和广州,中部地区没有城市上榜,西部地区的成都排在第五位。虽然2015年"十一"黄金周依然面临小高峰拥堵的问题,但市民高速公路免费出行更加理性,根据交通、铁路等部门的预测,黄金周期间约有超过7.5亿人次出行,相当于全国一半以上人口出门逛了一圈。全国道路客运量预计达6.4亿人次,高速公路小客车交通流占比约80%。

表1-7 2015年"十一"黄金周人气城市排行榜

分类	城市
国内十大出行人气城市	北京、深圳、上海、广州、厦门、郑州、昆明、长沙、西安、南京
境内十大旅游景点	杭州西湖、上海外滩、深圳大小梅沙、嘉兴乌镇、南京中山陵、泰山、颐和园、云台山、清明上河园、黄山
境内自由行出行城市前九名	上海、北京、广州、杭州、成都、深圳、南京、天津、厦门

根据2010—2014年"十一"黄金周国内最喜欢出游的十大城市统计,上海、北京、广州稳居前三位,第四位到第六位分别是深圳、成都和杭州。总体上,排名变化较小,东部五个城市入围前六名,西部的成都上榜。重庆及武汉名次有所下降,从2010年的第七位、第八位降低至第九位和第十位,其中西安和厦门波动较大,并于2014年排位十名之后。2012年、2013年以往仅为人气型目的地的昆明进入前十位,成为西部地区的主要增长点。总体上看,最喜欢出游的十大城市以东部为主,中西部地区较少,且呈现逐渐下降的趋势。

表1-8　2010—2014年十一黄金周国内最喜欢出游的十大城市排行榜

年份	最喜欢出游的十大城市
2010	上海、北京、广州、深圳、成都、杭州、重庆、武汉、西安、厦门
2011（前九位）	上海、北京、广州、深圳、成都、杭州、西安、重庆、厦门
2012	上海、北京、广州、成都、深圳、杭州、厦门、西安、重庆、昆明
2013	上海、北京、广州、深圳、成都、杭州、西安、重庆、厦门、昆明
2014	上海、北京、广州、深圳、杭州、成都、南京、天津、重庆、武汉

综合2010—2014年黄金周期间我国国内旅游发展情况及2015年国内旅游城市排名的情况来看，近五年，我国旅游格局呈现东中西依次递减的基本格局，总体上东部发展较为平稳，中西部增速迅猛，区域差距逐渐缩小。其中东部地区旅游地位依然稳固，西部地区的增速超过东部及中部地区，同时对于黄金周的热门城市选择中，越来越多的西部城市以点状分布的格局吸引了大量的旅游人群，但同时基础设施的建设及区域内部的旅游联动发展依然是亟须解决的主要问题。

（二）入境旅游：中部地区增长较为平稳，西部地区发展强劲

2015年我国入境旅游实现了三年来首次增长，全年接待入境旅游1.33亿人次，较2014年增长4%，入境旅游外汇收入1175.7亿美元，同比增长0.6%。

根据国家旅游局发布的2015年全国旅行社统计调查数据，东部地区旅游接待人次排名依然集中比较靠前，中部地区有所上升，而西部地区城市处于中下游水平且省市间相差较大。从区域内部看，东部地区在2015年排名前十的接待省市中占有一半以上，广东高居榜首，且与其他地区差距较大，其中河北、海南、天津的排名位于20名前后，接待量较小。中部地区的六个省市中，湖北、湖南排于前十位，其中湖北在第二个季度升至第三位，第三个季度排于第四位，湖南从第一个季度的第九位升至第五位，发展潜力巨大。剩余的三个省市处于中下游位次。西部地区省市较多，其中陕西、四川、重庆接待量较大，由于交通及地理区位等的限制，甘肃、宁夏、青海、西藏是接待量最小的省份。东北

部三省分布较为分散，辽宁接待量较大，吉林及黑龙江排名有所波动，整体处于居中的位置。

从2015年接待人次排名来看，东部地区排名较为稳定，河北、海南及天津均有较小程度的下降，浙江排名波动较大，由第5位下降至第17位。中部地区除江西下降幅度较大外，其余省市排名均有所上升，其中陕西接待量从第一季度的第11位上升至第10位，山西排名上升五位至第19位，西部地区陕西、内蒙古、西藏排名均有上升，而东北部地区的吉林增速最快，由第25位升至第18位，上升了7个名次。

纵观2015年全国旅行社入境旅游总体接待情况，与历年的接待情况基本相同：以东部地区为主，长三角及珠三角是主要的接待地域，而京津冀中首都北京接待量较大，天津及河北有较大的差距。中部地区的增长较为平稳。西部地区发展强劲，整体呈上升趋势。

表1-9 2015年全国旅行社入境旅游接待人次排名

地区	第一季度	第二季度	第三季度	第四季度	地区	第一季度	第二季度	第三季度	第四季度
广东	1	1	1	1	四川	12	13	14	11
山东	2	4	2	3	重庆	13	11	10	9
江苏	3	2	3	2	黑龙江	14	18	17	14
辽宁	4	8	9	6	广西	15	15	16	15
浙江	5	5	8	17	云南	16	17	19	31
北京	6	6	7	4	河南	17	14	18	16
湖北	7	3	4	8	安徽	18	16	15	13
福建	8	12	12	7	河北	19	23	20	22
湖南	9	7	5	5	海南	20	21	23	24
上海	10	10	11	12	新疆	21	27	25	26
陕西	11	9	6	10	江西	22	24	29	21

续表

地区	第一季度	第二季度	第三季度	第四季度	地区	第一季度	第二季度	第三季度	第四季度
天津	23	22	27	23	甘肃	28	31	31	27
山西	24	20	22	19	宁夏	29	30	30	29
吉林	25	19	13	18	青海	30	28	28	30
贵州	26	26	26	25	西藏	31	29	24	28
内蒙古	27	25	21	20					

2010—2014年分地区旅游外汇收入显示，东部地区主体地位明显，但区域发展差距呈缩小趋势。2010年东部地区旅游外汇收入分别是西部地区的7.5倍、中部及东北地区旅游外汇收入的10.8倍及19.3倍，而随着五年内区域旅游的快速发展及不同地区增速的差异，整体的区域旅游格局相对发生变化。2014年，东部地区外汇收入约是中部地区的8.5倍，西部地区的4.9倍，东北部地区的16.7倍，各区域发展差距总体上呈缩小趋势。东部地区增速较为缓慢，东北部地区年均增长速度处于区域第二位，中部地区发展较为稳定，但与东部地区的差距进一步拉大，而西部地区增速最快，逐步减少了与其他地区的差距。

从区域内部来看，东部地区广东省旅游外汇收入占比最大，2014年达1050.79亿元，而增长率最高的为天津，从2010年的96.09亿元增长至2014年的183.79亿元，接近翻一番，而北京、上海、海南均有所下降，江苏因为统计口径的变更入境外汇减少。中部地区除湖南省外，均呈上涨的态势，其中安徽增长最为迅速，2014年旅游外汇收入达120.40亿元，相当于2010年的2.5倍。西部地区的省市中只有甘肃在2014年出现了较大的下降，其余城市增长迅速，其中宁夏、新疆、四川均实现年均20%以上的增长，而云南、广西、陕西、重庆是外汇收入的主要省份。同时，由于受全球金融危机的深度影响，世界经济仍处于低速增长，国际旅游市场面临更多不确定因素，入境旅游市场形势依然较为严峻，加之国家和省出台的一些鼓励扶持旅游产业发展的规定尚未完全落地，部分地区的旅游外汇收入出现不同程度的下降，东北部地区的黑龙江外汇下降最为明显，2012—2014年减少了约25亿元。

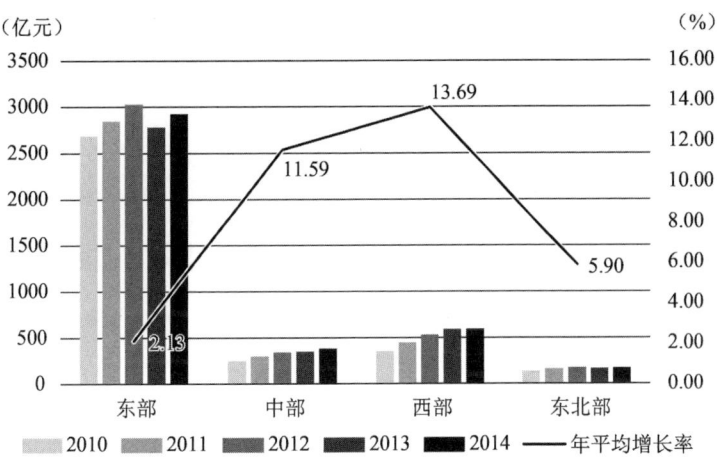

图1-2 2010—2014年分地区旅游外汇收入情况

2010—2014年分地区旅游接待人次变化情况与外汇收入类似,呈现出东中西部差距缩小的趋势。从年均增长率上来看,西部地区发展势头最为迅猛,达11.46%,其次为中部地区,为9.49%,东部年均增长率较低,只有1.89%,东北部外汇收入有所增长,但总体接待人数出现下降,年均增长率为-3.24%。从各区域内部来看,全国接待入境人次年均增长率最高的为四川,从2010年的104.93万人次增长至2014年的240.20万人次,翻了一番以上,此外,重庆、贵州、云南、广西、西藏、宁夏的年均增长率均为10%以上。东部地区天津增

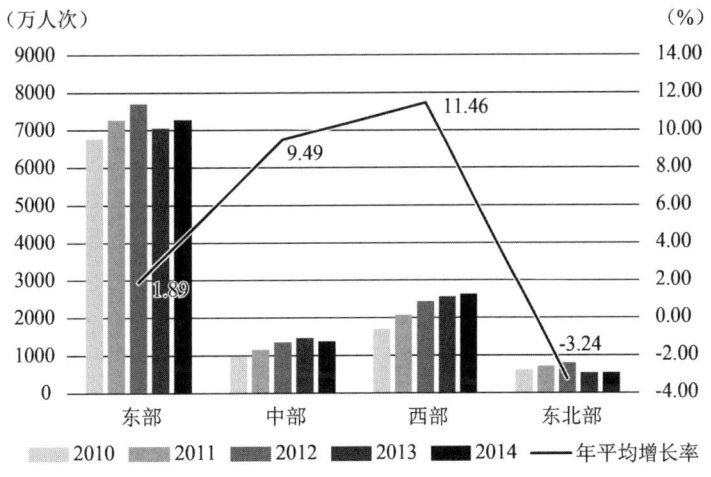

图1-3 2010—2014年分地区入境旅游人次情况

长最为迅速,从 2010 年的 96.09 万人增长至 2014 年 296.17 万人。中部地区山西接待人数出现下降,东北部地区的辽宁及黑龙江接待人数有所减少,造成与东部地区差距的进一步加大。

(三) 出境旅游:东部地区是主要的客源地,中西部地区出境游需求有待释放

2014 年我国出境游人数(含港澳台游)首次超过美国,成为出境游人数最多的国家。2015 年中国的出境游人数持续攀升,达到 1.2 亿人次,同比增长 17%。除了受经济增长和国际航线增多等因素的影响,各国放宽对华签证也推动了中国出境游人数的增加,如美国、日本、土耳其、以色列、新西兰、印度尼西亚等各国对华签证的优惠政策,进一步为国民出境提供了便利的条件。根据银联国际发布的《2015 年中国游客出境消费趋势》显示,中国出境游最大的消费比例仍是购物,其次是交通与住宿,娱乐、餐饮及景点门票的占比也在逐年增加,出境游群体从高端消费人群逐渐向大众扩散,更加注重出行的品质及体验,传统观光游逐渐向境外休闲度假的趋势转变,深度体验及共享经济受到人们的青睐。

从出境旅游的客源地看来,广东是第一大省,北京及上海出境人数也较为可观。从区域发展状况上看,出境旅游消费以经济水平发展为基础,大部分东部地区省市出境消费热情高涨,在排名前十位的省市中第一季度东部地区占有七位,第二季度及第三季度均占有六位,而河北、天津及海南排名相对较为靠后。中部地区消费相对较高的省市排名较为集中,第二季度开始湖北、湖南均排入前十,但第四季度又滑落至 12、13 的排名。西部地区受经济发展的制约排名较为靠后,但部分省市仍有巨大的发展潜力,成为西部地区主要热门出境省市,如四川、重庆、陕西等。

第一章 区域旅游发展状况与特征
Chapter 1 Characteristics of Regional Tourism Development

表1-10 2015年各地旅行社组织出境旅游人数排名（人次数）

地区	第一季度	第二季度	第三季度	第四季度	地区	第一季度	第二季度	第三季度	第四季度
广东	1	1	2	1	广西	17	15	15	16
北京	2	2	1	2	云南	18	14	18	19
上海	3	3	3	5	天津	19	20	21	23
辽宁	4	6	7	7	安徽	20	19	14	11
浙江	5	4	6	4	河南	21	21	23	21
江苏	6	5	5	6	吉林	22	23	17	20
山东	7	7	4	3	江西	23	22	22	22
福建	8	12	11	9	甘肃	24	30	31	28
湖南	9	9	10	13	内蒙古	25	25	24	25
四川	10	11	13	8	贵州	26	24	25	24
湖北	11	8	9	12	新疆	27	27	28	29
重庆	12	10	8	10	海南	28	28	26	26
黑龙江	13	18	16	15	宁夏	29	26	27	30
陕西	14	13	12	14	青海	30	29	29	27
河北	15	16	19	18	西藏	31	31	30	31
山西	16	17	20	17					

从2010—2014年的总体情况看来，我国出境游发展迅速，出境旅游人次由5738.65万人增至1.2亿人次。据联合国世界旅游组织数据显示，自2012年起，中国连续多年成为世界第一大出境旅游消费国，对全球旅游收入的贡献年均超过13%。由于区域间出境旅游发展不平衡，中国出境市场仍处于与国情相适应的初级阶段，东部地区仍为中国出境旅游客源地，而中部与西部地区的客源产出能力梯次下降，从消费结构来看购物仍然是出境游消费的主要内容。

总体上看来，我国出境旅游以东部地区为主力军，中部地区紧跟其后，西部地区由主要省市进行引领,除广东出境旅游人次数最高外,其他省市间的差距正进一步缩小,越来越多的内地公民也选择参加境外旅行,而境外出行的人群也向年轻化发展,且更加追求出境游品质。从区域间发展水平来看,东中西部的出境游人次差距虽呈现逐步均衡趋势,但仍存在较大差距。

二、"十二五"时期区域旅游发展特征回顾

(一)旅游"515战略"助推区域旅游全面改革和创新发展

在旅游"515战略"引领下,区域旅游改革和创新发展的动力强劲。各级地方党委、政府及相关部门统一共识,不断完善目的地基础设施建设。四川、甘肃、江西、浙江、云南、福建、青海、内蒙古等省区均由省级领导亲自部署落实"515战略"。河北、江西、重庆、甘肃等地相继以省(市)政府名义印发意见,促进旅游投资与消费。多省区市将旅游局升格为旅游发展委员会、成立"省政府旅游工作联席会议",旅游工作机制不断创新。山东通过对"515战略"的系统分解,结合省情和实际,提出了"三三战略"和"三三工程"。海南国际旅游岛在"515战略"下,形成了旅游发展新合力,从规划布局到旅游市场,进行了一系列重点改革。"515战略"正在推动旅游业成为民族自治省区扶贫攻坚的生力军、支撑旅游业成为老工业基地转型发展的主要抓手和助推旅游业成为中部崛起的新动能,并不断引领旅游业走向产业开放的最前沿。2015年,在"515战略"的推动下,旅游领域创业创新更趋活跃。锦江、首旅、中青旅、海航、携程等大型企业纷纷推出创新战略,国际国内投资并购事件呈现频次加快、数额加大、操作更富有商业理性的特点,专注于特定领域的旅游产品和服务创新增多,初步形成了大众创业、万众创新的局面。此外,携程、去哪儿、同程、途牛等在线企业加快在二三线城市的布局,如家、7天等经济型酒店品牌则开始布局四线城市、县城和中心城镇,区域旅游格局往均衡方向发展。

(二)"旅游+"、全域旅游促进区域旅游产业融合不断深入

旅游业强大的渗透力,使其具备与各行业融合发展的潜力。在"旅游+"、全域旅游战略思维下,乡村旅游、农牧旅游、水利旅游、工业旅游、林业旅游、

商务旅游、研学旅游、医疗旅游、养老旅游、健康旅游、休闲度假、文化旅游、红色旅游、旅游电商等新型旅游业态不断涌现，旅游产业呈现多元化发展的新气象，区域旅游产业融合不断深入。例如，河南开封开展"旅游+文化"模式，深入挖掘景区的文化元素，通过文化演艺、文化产品以及文化展示，使景点更符合开封文化旅游的本色，如《大宋·东京梦华》演出、清明上河园的建设，使旅游更富有文化内涵，极大提高开封旅游在全国乃至世界上的吸引力；以共享经济带来的非标准住宿，成为"旅游+地产"的新兴模式，途家利用自身经营的全国度假产品及周边旅游资源提供共享性的休闲线路及产品，完善了旅游生态圈；传统的观光旅游向休闲旅游方式转变，安徽宣城开启"体育+旅游"模式，金梅岭、徽杭古道、水墨汀溪景区已成功创建为省体育产业基地，成为全省重点打造的体育旅游精品线路和项目之一。通过加快体育旅游项目和体育产业基地建设，编制体育赛事旅游线路，推出了一系列体育赛事旅游项目，促进体育旅游消费，实现效益最大化。此外，"旅游+互联网"的深度融合，使其互为媒介、互为放大器和催化剂：一方面，旅游业可继续拓展互联网消费热潮、拓展互联网的消费链和价值链；另一方面，互联网也将大大推动旅游产业的创新发展和转型升级。

（三）区域旅游地区差距继续缩小，一体化格局深化发展

从出游规模和接待规模来看，东部地区是最主要的客源地，同时也是最主要的目的地，但中西部地区保持追赶态势。在国家"一带一路"、京津冀协同发展、长江旅游经济带等战略以及交通方式变革的带动下，区域旅游一体化格局继续深化。各类区域旅游合作不断发展，广度和深度都有所提高，如围绕大运河、长征以及高铁线路等，沿线区域都提出了很多务实的合作措施。长三角江阴、张家港、常熟和太仓四地联合推出2015年旅游友城卡，整合境内旅游资源，开展跨区域合作。旅游友城卡囊括了四地43个景区（点），包括7家4A级景区、5家3A级景区，涵盖山水游、人文游、古镇游、园林游、农业游、宗教游等诸多旅游热点；泛珠三角各省区将共同打造"环南海旅游经济圈"，各方将深化旅游合作，强化旅游项目合作，加强泛珠区域海峡之旅、邮轮之旅、苏区红色之旅、生态之旅等"一程多站"精品旅游线路的建设合作；为进一步推进三峡区域旅游合作，鄂渝两省市打破自然和行政阻隔，围绕打造长江三峡统一旅游品牌,在建立协作协调机制、推进旅游合作开发、联合开展旅游推广、统筹旅游交通设施建设、开展旅游联合执法等方面深入合作,通过丰富旅游企业、旅游协会、旅游质监机构、旅游市县等合作层次,正逐步形成"1+4"全方位合作新格局;两广十市就旅游经济发展情况,达成互送客源的协议,签署了《两广十市共同促进和打造健康养生旅游产业(云浮)宣言》,在突出特色互补、强化一体营销、推进智慧旅游、经验信息共享等方面达成共识,共同抱团发展;西北风情旅游联合会2015年着重建立微博矩阵、微信联合推广,实现西北旅游资源网络信息共享,会员城市旅游官网网群联动,促进旅游资源整合营销及人才的共同培育,进一步加强旅游协调及区域旅游合作的影响力。山东半岛城市旅游区域合作联盟于2015年启动,由青岛、烟台、潍坊、威海、日照、东营六城市旅游部门共同提议成立,在积极促进客源互送、联合拓展旅游市场、共同营造发展环境、完善旅游合作机制开展活动,实现区域内旅游资源及信息的共享。

(四)乡村旅游发展进一步推进城乡区域旅游日趋协同

我国乡村旅游经过多年的发展,已具相当规模,初步形成了围绕大中城市、名胜景区、山水生态区、特色农业区的发展格局,涌现出一批先进典型,成为国内旅游发展的主战场,对经济及相关产业起到了良好的拉动作用,成为新常态下我国旅游经济的新增长点和扶贫攻坚的核心力量。《关于进一步促进旅游投资和消费的若干意见》提出,要大力推进乡村旅游扶贫,到2020年,全国每年通过乡村旅游带动200万农村贫困人口脱贫致富,扶持6000个旅游扶贫重点村开展乡村旅游,实现每个重点村乡村旅游年经营收入达到100万元。

湖北恩施大峡谷是旅游扶贫的典型案例,其周边的营上村、木贡村、前山村过去一直处于贫困状态,现在有600多位村民在旅游公司就业,1000多位村民从事旅游相关行业,景区对农民纯收入的贡献率超过70%,部分村民通过林地流转和开办农家乐成功脱贫。作为沂蒙精神发祥地之一的山东沂水,是"红嫂"的故乡,旅游业从无到有,走出一条弱势资源地区发展旅游产业的创新之路,乡村旅游稳增长、调结构、减贫困、惠民生的作用明显。有"中国扶贫第一村"之称的福建省宁德福鼎市赤溪村,将旅游开发与扶贫攻坚深度融合、无缝对接,乡村旅游直接承载了扶贫功能,形成了旅游产业蓬勃发展,扶贫攻坚持续推进,奇山秀水更加美丽的生动局面。湖南省花垣县十八洞村,因地制宜发展旅游产业,不搞大拆大建、不堆砌盆景,贫困群众得到实惠,取得了良好的社会效益和经济效益。

在新的经济形势下,发展乡村旅游,建设美丽乡村,提升农村经济生活水平,提高农民收入,是不断将农村事业与中国的现代化相协调的重要举措。乡村旅游发展水平逐步提升,能够进一步缩小城乡差距,促进区域旅游经济的协调发展。河北省石家庄市在西部太行山区平山、赞皇、灵寿、行唐4个国家级贫困县,推出的大景区带动、农旅融合、旅游商品制造、特色乡村旅游发展四大旅游扶贫模式,有力推动了全市旅游扶贫工作扎实开展,实现农业直接增收和旅游观光体验收益的双获益模式,带动景区周边乡村产业的发展,让数十万村民受益匪浅,实现了经济社会效益双丰收;湖南探求新时代旅游扶贫之路,通过农村电商的建设,促乡村旅游发展转型升级;陕西省积极开发秦巴、吕梁、六盘山片区旅游资源,建设旅游景区,通过发展旅游产业带动景区周边乡村经济发展,进一步缩小了城乡差距。

(五)以"厕所革命"为标志的区域旅游公共服务体系不断完善

作为中国旅游"515战略"的重要举措,"厕所革命"成为2015年我国城乡公共服务领域一个声势浩大的旅游基础工程、文明工程及民生工程。习近平总书记作重要指示,掀起全国厕所革命高潮,从2015年起,全国3年新建、改建厕所5.7万座。厕所是公共服务体系最薄弱环节,加强对厕所的改革建设,将提升旅游服务体验,进一步完善我国基础服务设施,满足人民的基本需求。国家通过政策引导、资金补助、标准规范等多种方式推进厕所革命的开展。吉林采取"建、改、扩、精、养、管"相结合多措并举的模式,强力推动旅游厕所建设管理,并立足省情,探索"以商养厕"之路,积极鼓励以商建厕、养厕、管厕,丰富旅游厕所功能,将旅游厕所建设成为融购物、咨询、宣传为一体的小型游客服务中心;为了持续打造崆峒山旅游精品,崆峒山景区积极引进先进技术,攻克因景区地域高差造成供水制约的难题,建成的几座免冲式厕所,受到游客一致好评;昆明滇池度假区辖区内已建成16座标准化的旅游公共厕所,每座建筑面积在87~110平方米,平均每座投资金额在80万元左右,每座公厕统一颜色、统一功能,根据客观位置限制及综合人流量的不同设置厕所的蹲坑数量；将厕所建设与景观融为一体有助于提升游客体验，金昌市金川区金水湖景区打造"开满"鲜花的"花厕"，将各式花篮对厕所进行点缀，实现立体绿化，以"生态、经济、人文"为理念，让绿地从平面走向立体，不仅拓展了景区的绿化空间，同时增强了美感和艺术感；敦煌鸣沙山月牙泉景区的旅游厕所地处沙漠深处，其外部建筑风格和内部陈设都与周边的沙漠风情融为一体，最大限度地展现了景区大漠风情。厕所建设及管理设施的维护，是一个地方文明程度的标志，是生活水平质量和国民文明素养的标志。通过实施有效的厕所建设和管理，能够从根本上推进区域旅游公共服务体系建设，助推旅游业的转型升级。

第二章
旅游客源地研究

2015年我国客源地潜在出游力的主要特征可概括为：客源地潜在出游力的空间格局，在区域间仍表现为明显的东中西阶梯式分布，并主要集中在四个核心城市群地区，在城乡间的二元结构仍然明显，但区域间朝均衡发展的趋势进一步显现。在"十三五"规划、国务院《关于促进旅游业改革发展的若干意见》的指导下，在全域旅游、精准扶贫和供给侧结构性改革的战略综合驱动下，我国区域旅游客源地必将呈现出新的特征和趋势，并将引起区域旅游格局呈现出新的变化。

一、客源地潜在出游力的区域分异特征

以前五年相对成熟的旅游客源地潜在出游力研究为基础，沿用2012年的指标选择，并更新为2015年的数据，综合应用SPSS数据分析软件和ArcGIS空间分析软件，对2014年旅游客源地潜在出游力的区域分异特征进行系统解读。同时，本年度借助2015年"五一"小长假、"十一"黄金周和春节黄金周的游客出游统计情况，对客源地潜在出游力进行权重调整，使在社会经济统计指标基础上计算的客源地潜在出游力更能反映游客的真实出游能力。

（一）客源地潜在出游力得分及排名

将各省（区、市）因子综合得分进行标准化处理，可以得出2015年全国31个省（区、市）[①] 的客源地潜在出游力得分，得分介于0~1之间，得分越高表明居民出游潜力越大，反之，得分越低表明居民出游潜力越小（见表2-1）。

---

① 由于数据获取问题，本研究暂不涉及港澳台地区。

表 2-1 2015 年各省（直辖市、自治区）客源地潜在出游力得分及排名

省（区、市）	潜在出游力得分	排名	省（区、市）	潜在出游力得分	排名
北京	1.0000	1	安徽	0.3174	17
上海	0.9562	2	黑龙江	0.3102	18
广东	0.8542	3	山西	0.3009	19
江苏	0.7430	4	吉林	0.2895	20
浙江	0.7314	5	江西	0.2945	21
天津	0.6498	6	内蒙古	0.2898	22
山东	0.5693	7	海南	0.2653	23
辽宁	0.4943	8	广西	0.2309	24
福建	0.4879	9	新疆	0.2249	25
湖北	0.4152	10	云南	0.1814	26
河北	0.3998	11	宁夏	0.1401	27
河南	0.3799	12	甘肃	0.0921	28
湖南	0.3503	13	贵州	0.0856	29
四川	0.3270	14	青海	0.0573	30
陕西	0.3257	15	西藏	0.0000	31
重庆	0.3201	16			

（二）客源地潜在出游力区域分异特征

依据各省（区、市）的潜在出游力得分（见表 2-1），进行层次聚类分析，并应用 ArcGIS 进行空间趋势分析，可以得出客源地潜在出游力在区域间的如下分异特征："东中西"依次递减的三级阶梯状空间格局依然延续。

1. 全国尺度

2015 年，客源地潜在出游力地域空间形态，保持相对稳定的态势，整体依

然呈现"三级阶梯状",形成东、中、西三个空间分异带:潜在出游力前十名的省份除湖北省外,全部分布在东部区域,东部省份中只有河北和海南排在十名之外,分列第11位和第23位;潜在出游力排名在11~20位的省份,除了东部省份河北,西部省份四川、陕西、重庆、山西外,均为中部省份;潜在出游力后11位的省份,除了海南和江西之外,其他省份均分布在西部区域。这种"东中西"的分布格局与中国区域经济地带差异呈现出相似的空间分异格局,也与中国三大阶梯分界线大致吻合。各省(区、市)出游力从东到西仍然表现为"7:2:1"的比例分割形态,东部地区占64.1%、中部地区占23.6%、西部地区占12.3%。区域差异明显,从东部到西部,出游力表现为明显的衰减趋势。

2. 区域尺度

传统的四个旅游客流产地:以北京为中心的环渤海都市圈、以上海为中心的长江三角洲都市圈、以广州和深圳为中心的珠江三角洲都市圈以及西南的成渝城市群,仍然是我国高客流产出区域,累计55.3%的出游力集中在上述传统经济区和新兴都市圈。

3. 省际尺度

可将全国31个省(区、市)划分为5种潜在出游力类型:①出游力极强地区:北京、上海、广东、江苏、浙江、天津、山东;②出游力强地区:辽宁、福建、湖北、河北、河南、湖南;③出游力较强地区:四川、陕西、重庆、安徽、黑龙江、山西;④出游力一般地区:吉林、江西、内蒙古、海南、广西、新疆、云南;⑤出游力弱地区:宁夏、甘肃、贵州、青海、西藏。出游力较高地区主要分布于我国东部和中部,而出游力较低地区则主要分布于我国西部地区。

二、客源地城乡分异特征

本节依据《旅游抽样调查资料2015》[①],从出游率、人口学特征、经济学特征、心理学特征等方面,对全国城镇居民和乡村居民的出游情况进行了纵向和横向的对比分析,以此来表征客源地的城乡分异特征。

---

① 虽为2015年的抽样调查资料,实则反映的是2014年的相关信息,本节在相关表述上,为了统一起见,统一称为2015年,特此说明。

(一) 城镇和乡村居民的出游率

2015年,我国城镇居民国内出游人数24.83亿人次,出游率为373.1%,比上一年提高了44.7个百分点。农村居民国内出游人数11.28亿人次,出游率为167.2%,比上一年度提高了7.6个百分点,出游率与城镇居民相比差距很大。

从2015年各季度的出游率来看,城镇居民第一季度出游率为99.0%,第二季度为79.4%,第三季度为99.3%,第四季度为95.4%,每一季度的出游率都比上一年有所提高。除第二季度出游率的下降较明显之外,城镇居民在其他三个季度的出游率基本一致,说明季节对于城镇居民的出游影响并不是非常明显。相对而言,农村居民第一季度出游率为65.6%,第二季度为31.1%,第三季度为33.7%,第四季度为36.8%,每一季度的出游率也都比上一年有所提高。不过,农村居民在四个季度的出游率差异较明显,第一季度即农闲时期的出游率最高,这说明季节对于农村居民的出游影响较为明显(见图2-1)。

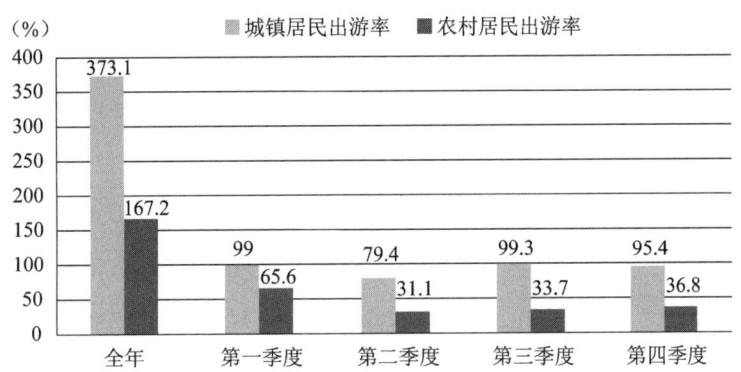

图2-1 城镇居民与农村居民分季度出游率

(二) 城镇和乡村居民出游者的人口学特征对比

1. 男性出游者比例仍高于女性

如图2-2所示,2015年,无论是在城镇居民出游人数还是在农村居民出游人数中,男性比例仍高于女性,依然是出游的主力。其中,城镇国内出游人数中男性比例为56%,女性为44%,男女比例与2014年的55.9%和44.1%相比差别不大。农村国内出游人数中男性比例为63.4%，女性为36.6%，男女比例与2014年的60.3%和39.7%相比结构趋于失衡。未来，鼓励和引导女性的出游仍是城镇和农村未来工作的重点之一。

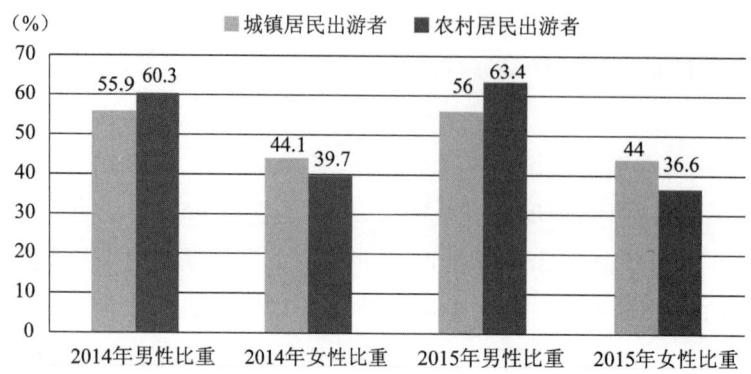

图2-2 2014年、2015年城镇与农村居民出游性别对比图

2. 中青年仍是出游的主力军

2015年，城镇居民出游者的年龄分布为：14岁以下的占11.8%，15～24岁的占10.6%，25～34岁的占28.2%，35～44岁的占17.1%，45～64岁的中年人市场占23.2%；65岁以上的老年人市场占9.0%。农村居民出游者的年龄分布为：14岁以下的占10.2%，15～24岁的占13.5%，25～34岁的占26.7%，35～44岁的占19.3%，45～64岁的中年人市场占24.6%，65岁以上的老年人市场占5.7%（见图2-3）。无论是城镇居民出游者还是农村居民出游者，25～34岁年龄阶段所占比例都最大，其次是45～64岁和35～44岁，与2014年的情况一致（见图2-4、图2-5），这说明中青年出游者仍是出游的主力。究其原因，城镇中青年出游者多商务、会议旅游的机会，加之有固定的收入，故成为出游主力；农村居民中，中青年在外打工者较多，收入较高，观念较先进，有更多的出游动机。与2014年相比，年龄结构两端，即14岁以下、65岁以上的比重在增加，但依然保持了以往出游年龄结构中间大、两头小的特征。青少年和老年人市场虽已经开始慢慢有所提升，但是比重仍然较小，青少年和老年人的旅游出行仍需要给予更多关注。

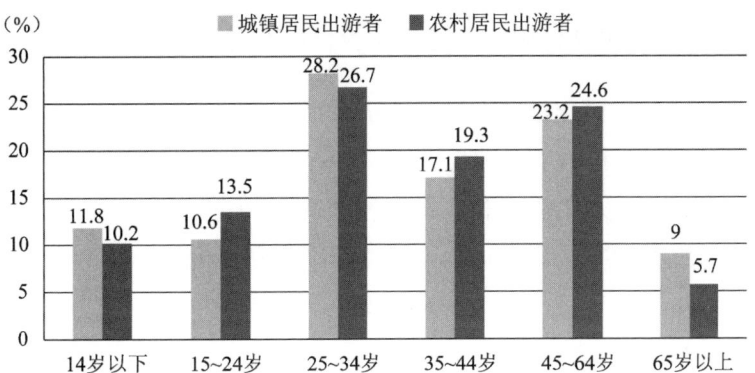

图 2-3 城镇与农村居民出游者年龄对比图

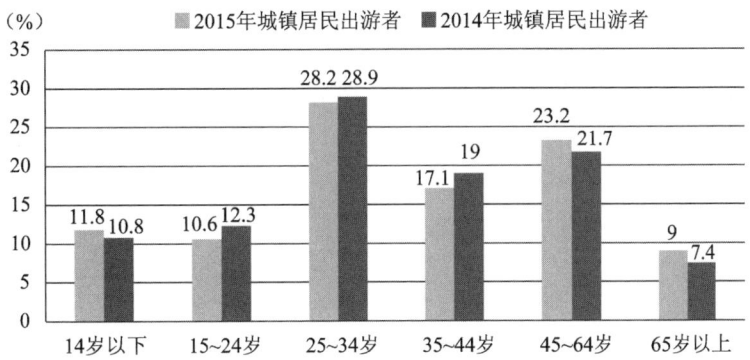

图 2-4 2015 年、2014 年城镇居民出游年龄对比图

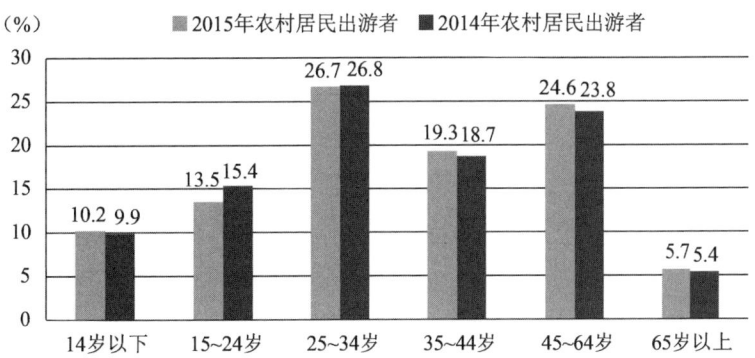

图 2-5 2015 年、2014 年农村居民出游年龄对比图

（三）城镇居民和农村居民出游者受教育程度对比

2015年，城镇居民出游者受教育程度的分布为：初中及以下的占21.3%，高中（中专/职高/技校）的占18.4%，大学本科、专科的占54.1%，研究生及以上的占6.2%。农村居民出游者受教育程度的分布为：中小学及以下的占19.3%，初中的占26%，高中（中专/职高/技校）的占27.5%，大专、大学本科及以上的占27.1%（见图2-6）。城镇与农村教育水平的差异使得二者实际的测量口径不相一致。在城市居民出游者中，大学本科、大专教育水平的出游者比例超过一半，是出游的主力，与2014年的情况一致。在农村居民出游者中，高中（中专/职高/技校）教育水平的出游者所占比例最大（29.3%），大专、大学本科及以上教育水平的出游者紧随其后。总的来说，农村居民出游者受教育程度的分布虽然相较于城镇居民更加均衡，但受教育程度普遍更低，这也在一定程度上反映出是我国城乡发展二元结构的现状。

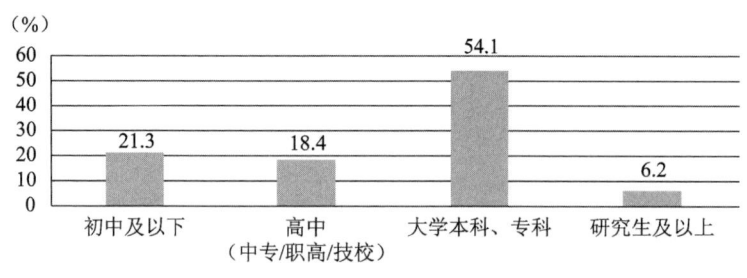

（a）城镇居民出游者

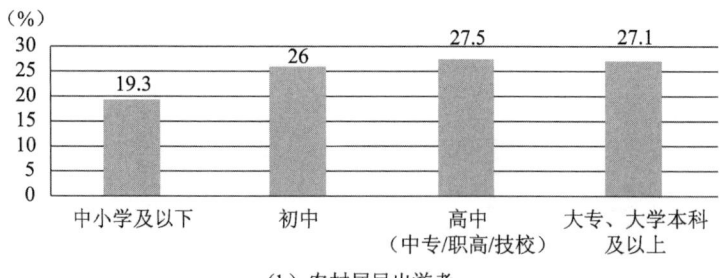

（b）农村居民出游者

图2-6 城镇和农村居民出游文化水平对比图

(四) 城镇和乡村居民出游者的经济学特征对比

2015年，城镇居民国内游客人均每次花费992.1元，其中，男性人均每次花费1061.9元，女性人均每次花费903.2元；农村居民国内游客人均每次花费687.7元，其中男性人均每次花费774.0元，女性人均每次花费590.1元（见图2-7）。与2014年相比，城镇居民人均每次花费、男性人均每次花费、女性人均每次花费均有不同程度的下降，相比之下，农村居民人均每次花费、男性人均每次花费、女性人均每次花费均有不同程度的上升。但就总体而言，农村居民国内游客人均每次花费远低于城镇居民人均每次花费。

从年龄分布来看，城镇和农村居民国内游客人均每次花费都近似正态分布，但城镇居民国内游客人均每次花费明显高于农村居民国内游客人均每次花费。无论是对于城镇居民出游者来说，还是对于农村居民出游者来说，25～44岁的人群都是出游消费的主力军（见图2-7）。

从受教育程度来看，无论是城镇居民出游者还是农村居民出游者，其人均每次花费都随着受教育程度的提高而上升（见图2-8、图2-9）。

从各项花费来看，城镇和农村居民国内散客人均每次花费都集中在交通、餐饮和购物三个方面（见图2-9），尤其是交通费占据了出游花费的较大比重。交通费更多地体现为出行成本，而餐饮、购物等项目则体现的是旅游体验，当出行成本过高，则会影响消费体验，进而抑制消费需求的释放，因此，在旅游交通不断完善的前提下，应不断拓展各种旅游消费供给，逐步提高旅游体验项目的消费比例。

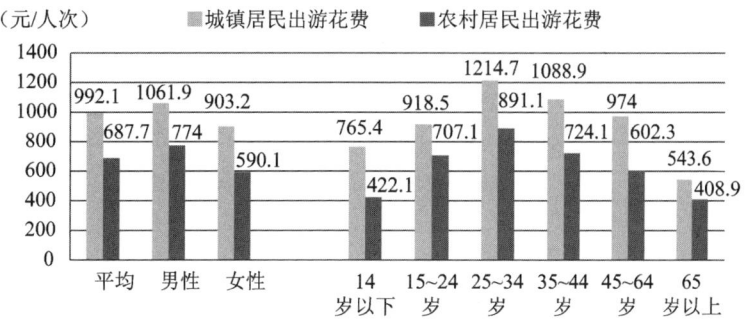

图2-7　城镇和农村居民出游消费水平对比图

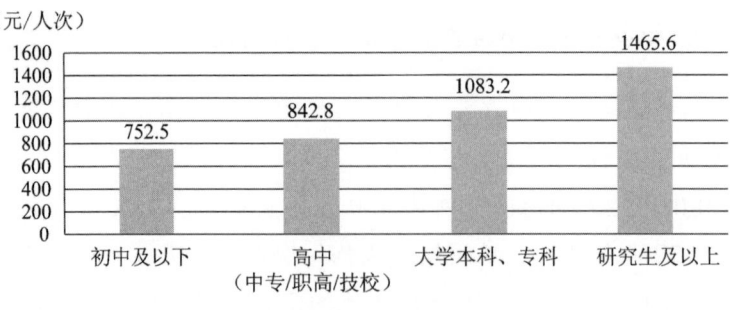

（a）城镇居民出游花费

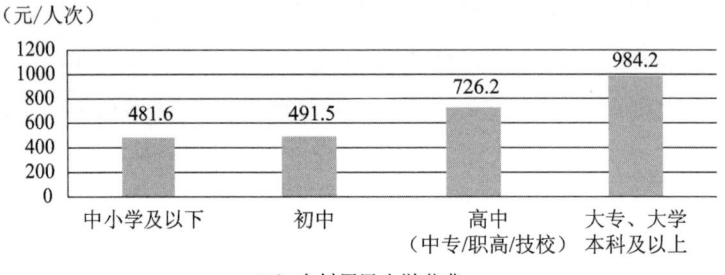

（b）农村居民出游花费

图 2-8 城镇和农村居民出游消费水平（按受教育程度）对比图

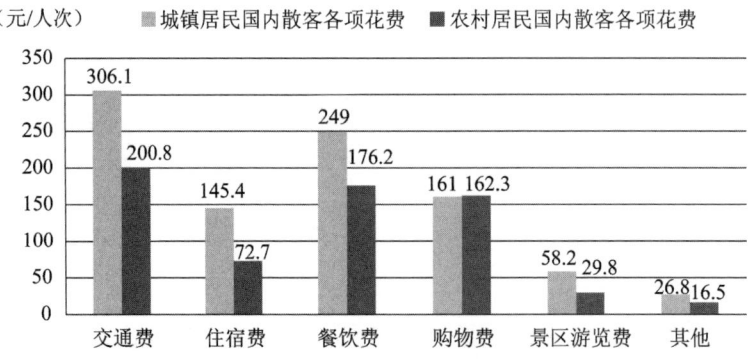

图 2-9 城镇和农村居民出游消费分项对比图

（五）城镇和乡村居民出游者的心理特征对比

如图 2-10 所示，2015 年，城镇居民出游者的出游目的依次为：度假休闲娱乐（50.1%）、探亲访友（24.0%）、观光游览（14.2%）、商务出差（9.1%）、健康疗养（1.3%）和其他（1.3%），与 2013 年的排名相比，度假休闲娱乐的比例明显上升，探亲访友、观光游览、健康疗养所占比例有不同程度的下降。农村居民出游者的出游目的依次为：度假休闲娱乐（32.8%）、探亲访友（30.9%）、商务出差（15.4%）、其他（9.4%）、观光游览（6.5%）和健康疗养（5.1%），与 2013 年的排名相比，度假休闲娱乐、商务出差所占比例有所提升，其中度假休闲娱乐所占比例上升较大，探亲访友、观光游览和健康疗养所占比例则都有不同程度的下降。总的来说，度假休闲娱乐、探亲访友仍是我国居民国内出游最主要的目的；其中，城镇居民度假休闲娱乐的比例远高于农村居民，也高出探亲访友很多；农村居民在两种出游目的上的比例分布则比较均衡。

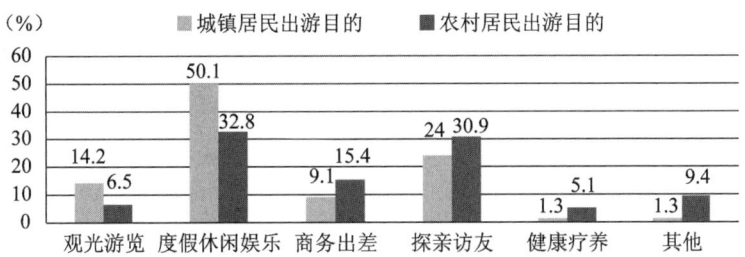

图 2-10 城镇和农村居民出游目的对比图

三、"十二五"时期客源地发展回顾

（一）"十二五"时期客源地潜在出游力保持相对稳定的态势

从表 2-2 可知，将潜在出游力排名在分布上划分为 1~10、11~20、21~31 三个范围，则存在如下规律：首先，北京、上海多年来交替排名前两名，在 2014 年时广东取代上海排名第 2；其次，各省份潜在出游力的排名虽然有所变动，但大都处于相对稳定的区间内；再次，区域之间，东部省份潜在出游力整体靠前，其次是中部地区，西部地区排名靠后。各省份的潜在出游力的排名与其地方经济发展水平相一致，东部省份潜在出游力排名明显高于中西部省份；中西部省份中，经济发展较快的省份潜在出游力也明显高于同区域其他省份。

表2-2 近五年各省（区、市）客源地潜在出游力排名对比

排名及变化 省市区	2015年	2014年	2013年	2012年	2011年	2010年	近两年排名变化幅度	首尾年份排名变化幅度
北京	1	1	1	1	2	1	0	0
上海	2	3	2	2	1	2	1	0
广东	3	2	4	5	3	3	-1	0
江苏	4	4	3	3	5	5	0	1
浙江	5	5	5	4	4	6	0	1
天津	6	7	7	6	6	4	1	-2
山东	7	6	6	7	7	8	-1	1
辽宁	8	8	8	8	9	7	0	-1
福建	9	9	9	9	8	9	0	0
湖北	10	10	10	10	11	12	0	2
河北	11	11	13	11	10	11	0	0
河南	12	12	11	12	12	13	0	1
湖南	13	14	14	15	13	14	1	1
四川	14	15	12	14	19	10	1	-4
陕西	15	16	15	13	15	20	1	5
重庆	16	19	17	17	16	16	3	0
安徽	17	13	16	16	20	21	-4	4
黑龙江	18	18	18	19	22	15	0	-3
山西	19	23	19	18	14	19	4	0
吉林	20	22	20	22	17	17	2	-3
江西	21	20	21	21	21	18	-1	-3

续表

排名及变化 省市区	2015年	2014年	2013年	2012年	2011年	2010年	近两年排名变化幅度	首尾年份排名变化幅度
内蒙古	22	21	22	20	18	30	-1	8
海南	23	17	26	25	23	23	-6	0
广西	24	24	24	24	24	24	0	0
新疆	25	25	23	23	27	27	0	2
云南	26	26	25	27	26	22	0	-4
宁夏	27	27	27	26	25	28	0	1
甘肃	28	28	28	29	30	25	0	-3
贵州	29	29	30	30	29	26	0	-3
青海	30	30	29	28	28	29	0	-1
西藏	31	31	31	31	31	31	0	0

如果对比首尾年份的排名变化，发现13个省份排名变化幅度在2以上；对比近两年的排名变化，只有5个省份排名变化幅度在2以上。说明潜在出游力在短期内的变化相对较小，在一个较长的时间段内才有可能出现较大的变化，而这种变化很可能是短期变化的累积，这在一定程度上反映了潜在出游力是当地社会经济指标的综合表现，在一定时期内会保持基本稳定。

（二）区域间朝均衡发展的收敛趋势不断显现

虽然潜在出游力在东中西之间依然表现为明显的"7∶2∶1"的三级阶梯状分布，但东部区域的累计潜在出游力，2015年为64.1%，2014年为65.5%，2013年为65.7%，2012年为66.8%，2011年为68.0%，2010年为70.0%。东部地区在降低，中西部地区在升高，区域之间的差距在缩小，收敛趋势不断显现。

对四个旅游客流产地（以北京为中心的环渤海都市圈、以上海为中心的长江三角洲都市圈、以广州和深圳为中心的珠江三角洲都市圈以及西南的成渝城市群）而言，累计潜在出游力，2015年为55.3%，2014年为55.6%，2013年为55.4%，2012年为57.9%，2011年为57.0%，2010年为60.0%。虽然在中间数据有反复，但是总体趋势由2010年的60.0%下降到2014年的55.6%，表明潜在出游力在传统经济区与经济欠发达区域之间的差距在缩小，也表现出明显的收敛趋势。

（三）客源地城乡分异特征的主要变化

2011年至2015年，本报告从出游率、人口学特征、经济学特征、心理学特征等方面，对全国城镇居民和乡村居民的出游情况进行了纵向和横向的对比分析，来表明客源地的城乡分异特征。

从出游率方面来看，2015年，我国城镇居民国内出游人数24.83亿人次，出游率为373.1%，比2011年提高了127.1个百分点；2015年农村居民国内出游人数11.28亿人次，出游率为167.2%，比2011年提高了53.2个百分点，出游率与城镇居民相比差距很大，且五年来的增长速度明显小于城镇居民。

从人口学特征来看，2011年至2015年，无论是在城镇居民出游人数还是在农村居民出游人数中，男性比例一直高于女性，是出游的主力。其中，城镇国内出游人数中男性比例为56%，女性为44%，男女比例与2011年的59.4%和42.6%相比差别不大。农村国内出游人数中男性比例为63.4%，女性为36.6%，男女比例与2011年的57.4%和42.6%相比结构趋于失衡。未来，鼓励和引导女性的出游仍是城镇和农村未来工作的重点之一。2015年相比于2014年，年龄结构两端，即14岁以下、65岁以上的比重在增加，但依然保持了以往出游年龄结构中间大、两头小的特征。青少年和老年人市场虽已经开始慢慢有所提升，但是比重仍然较小，青少年和老年人的旅游出行仍需要给予更多关注。

从经济学特征来看，2015年，城镇居民国内游客人均每次花费992.1元，农村居民国内游客人均每次花费687.7元。与2012年相比，城镇居民人均每次花费下降，而农村居民人均每次花费则上升。但就总体而言，农村居民国内游客人均每次花费远低于城镇居民人均每次花费，其差距在不断缩小。

从心理学特征来看，2011年至2015年，城镇居民出游者的出游目的中，度假休闲娱乐的比例明显上升，探亲访友、观光游览、健康疗养所占比例有不同程度的下降。农村居民出游者的出游目的由2011年的探亲访友占比60.9%，逐渐发展为2015年的度假休闲娱乐占比最大。总的来说，度假休闲娱乐、探亲访友仍是我国居民国内出游最主要的目的；其中，城镇居民度假休闲娱乐的比例远高于农村居民，也高出探亲访友很多；农村居民在两种出游目的上的比例分布则比较均衡。

（四）传统指标仍然是决定居民出游的重要因素

2011年至2015年，客源地潜在出游力的主要影响因子没有发生变化，主要为客源地经济发展水平、社会发展水平、居民受教育程度和居民生活质量，并且其排列顺序也没有发生改变。

在客源地发展水平方面，其排在前列的指标主要有：居民消费水平、农村居民消费水平、农村居民年人均纯收入、人均GDP、城镇居民消费水平、就业人员平均工资等；在社会发展水平方面，排在前列的指标主要有：总人口、互联网上网人数、移动电话年末用户数、GDP、私人汽车拥有量等，并且移动电话年末用户的指标由2011年的第一位下降至2015年的第三位；在居民生活质量方面，排在前列的指标主要有：年平均温度（以省会城市为代表）、公路密度、建成区绿地覆盖率等，并且省会城市的年平均温度连续五年排在指标前列。

由此可以看出，经济和社会发展水平等影响居民出游的传统指标，仍然是决定我国居民出游的重要因素。

四、"十三五"时期客源地发展趋势展望

在"十三五"规划、国务院《关于促进旅游业改革发展的若干意见》的指导下，旅游业作为战略性支柱产业正表现出蓬勃的发展力。国务院总理李克强在政府工作报告中指出："要落实带薪休假制度，加强旅游交通、景区景点、自驾车营地等设施建设，规范旅游市场秩序，迎接正在兴起的大众旅游时代。"这不仅是连续第3年政府工作报告提及旅游，也是第一次将旅游产业作为拉动内需的重要基础，整体写入政府工作报告。未来区域旅游客源地的发展趋势也备受社会各界的广泛关注。

(一)"景点旅游"到"全域旅游"的转变,为游客提供了全方位、系统化的旅游服务

2016 年是我国全域旅游开创之年,国家旅游局局长李金早在 2016 年全国旅游工作会议上发表了《全域旅游大有可为》的署名文章,提出要转变旅游发展思路,变革旅游发展模式,创新旅游发展战略,推动我国旅游从"景点旅游"向"全域旅游"转变。推进全域旅游是我国新阶段旅游发展战略的再定位,是一场具有深远意义的变革。从单一景点景区建设管理到综合目的地统筹发展的转变,丰富了游客的出行活动;从粗放低效旅游向精细高效旅游的转变,提高了游客的出行质量;从封闭的旅游自循环向开放的"旅游+"融合发展方式的转变,增加了游客的出行方式;从景点景区内部的"民团式"治安管理、社会管理向全域旅游依法治理的转变,保证了游客出行的权利;从景点旅游模式转向全域旅游模式的转变,不仅加强了旅游目的地的综合运营与发展,更是为游客提供了全方位、系统化的旅游服务,从而吸引了更多的游客出行,最终实现从小旅游格局向大旅游格局转变。

(二)在精准扶贫战略的指引下,逐步消除城乡二元结构,带动乡村旅游的发展

"十三五"规划纲要明确指出,将实施乡村旅游扶贫等重点工程,实现 3000 万以上贫困人口脱贫。乡村旅游是推动农村迈向现代化进程的重要力量,是促进农村经济增长和农业结构调整的重要渠道,是消除城乡二元结构、促进城乡一体化发展的有效途径,是推进新一轮农村扶贫开发攻坚的中坚力量。乡村旅游发展要以农为本、以乡为魂,把乡村旅游、旅游扶贫与旅游厕所革命结合起来,推动乡村改厨改厕等多项工作;要不断创新乡村旅游产品和业态,着力促进乡村旅游提质增效,积极鼓励乡村旅游创业就业;要加强政府引导支持,全面提升乡村旅游的发展质量和服务水平,推进精准化旅游扶贫。乡村旅游和旅游扶贫工作关系国家战略,关乎国计民生,做好乡村旅游和旅游扶贫工作既是一份沉甸甸的责任,更是旅游行业的光荣使命。

（三）旅游业供给侧改革，将有力促进区域旅游创新和差异化发展

近年来，在国民旅游需求不断释放的背景下，旅游产业快速发展，已成为促进甚至引领国民经济和社会发展的重要产业支撑。在此背景下，地方旅游产业发展如果出现对居民出游潜力的漠视或者偏差，便可能出现区域同质化和冒进风险，因此，如何使旅游产业发展更加科学、健康、有的放矢，已成为产业实践中亟须解决的重点问题。当下，供给侧结构性改革已成为中国经济社会发展的核心议题，旅游产业也需要进行供给侧结构性改革，改革的主要内涵是通过产业升级解决产业结构、产品结构与旅游需求结构不匹配的问题，而更好地摸清居民出游潜力的底子，则可以更有效地促进旅游产业去产能、去库存、去杠杆、降成本、补短板。因此，区域旅游发展，必将在供给侧结构性改革的战略氛围和决策推动下，不断谋求创新发展和差异化发展道路，以寻求在广域的发展竞争中占得先机。

第三章
旅游目的地研究

一、国内旅游目的地研究框架

本章主要介绍了国内旅游目的地的研究思路和框架,解释研究数据的来源,并明确本章关于国内旅游目的地的主要研究方法。

(一) 旅游目的地研究思路

本节将以国内旅游目的地为研究对象,分析目的地发展的驱动力、目的地发展的绩效,以及国内旅游目的地的主要特征。通过对旅游目的地国内旅游接待量和国内旅游收入的研究,分析了国内旅游目的地的发展绩效,进一步确定了国内主要的旅游目的地。本研究从旅游景区、旅游接待能力和游客满意度三个方面,探讨了旅游目的地的发展驱动力,并从旅游人均消费、旅游收入占 GDP 比重、旅游人数与总人口比值等指标分析了国内旅游目的地的主要特征。

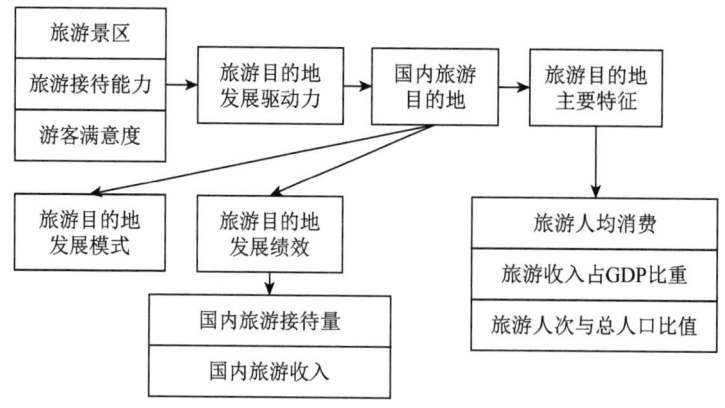

图 3-1 国内旅游目的地研究框架

（二）旅游目的地研究数据来源

本章关于各地区的国内旅游接待量和国内旅游收入数据来源于各省（市、自治区）2014 年和 2015 年发布的《国民经济和社会发展统计公报》。各地区的地区生产总值与总人口数来源于 2014 年和 2015 年的《中国统计年鉴》。各地区的 A 级景区数据来源于《中国旅游统计年鉴 2015》。各地区的住宿业企业营业额、餐饮业企业营业额来源于《中国统计年鉴》，各地区的旅行社营业收入、星级饭店数、星级饭店床位数、旅游饭店房间数、四五星级饭店占星级饭店比重来源于《中国旅游统计年鉴 2015》。各地区的游客满意度数据来源于 2014 年和 2015 年中国旅游研究院关于重要旅游城市游客满意度情况专项调查。

二、国内旅游目的地识别

本节主要研究了国内旅游目的地的国内旅游接待量和国内旅游收入情况，并在此基础上构建全国旅游目的地绩效指数，将该指数值作为反映国内旅游目的地重要程度的指标，并识别出全国最为重要的十五大旅游目的地。

（一）国内旅游接待量

国内旅游接待人数是旅游目的地吸引国内游客的能力，是衡量国内旅游目的地的最重要指标。本节将着重研究 2015 年国内旅游接待人数在空间上的分布特征，以及与 2014 年相比的发展趋势。

1. 国内各省份旅游接待量差距显著，地域分布不均，东部地区持续处于主导地位

图 3-2 反映了 2015 年各省份国内旅游接待人次情况。全国 31 个省份国内旅游接待数量差距较大且分布不均。其中，广东省接待国内游客首次超过 7 亿人次，占国内旅游接待总人次的 7.43%，持续保持全国旅游游客接待数量排名第一的位置。2015 年接待游客排名前 9 名的省份分别为广东、山东、江苏、四川、浙江、河南、湖北、湖南、安徽，其国内旅游接待量均大于 4 亿人次，保持着国内旅游接待量领先的优势。相比广东、山东等游客接待大省，宁夏、西藏、青海、海南、新疆五个省区，其国内旅游接待量均少于 6000 万人次，仍有

巨大的发展空间。其中，宁夏的国内游客接待量在全国31个省份中最少，占全国游客接待人数的0.18%，仅相当于广东的2.46%。

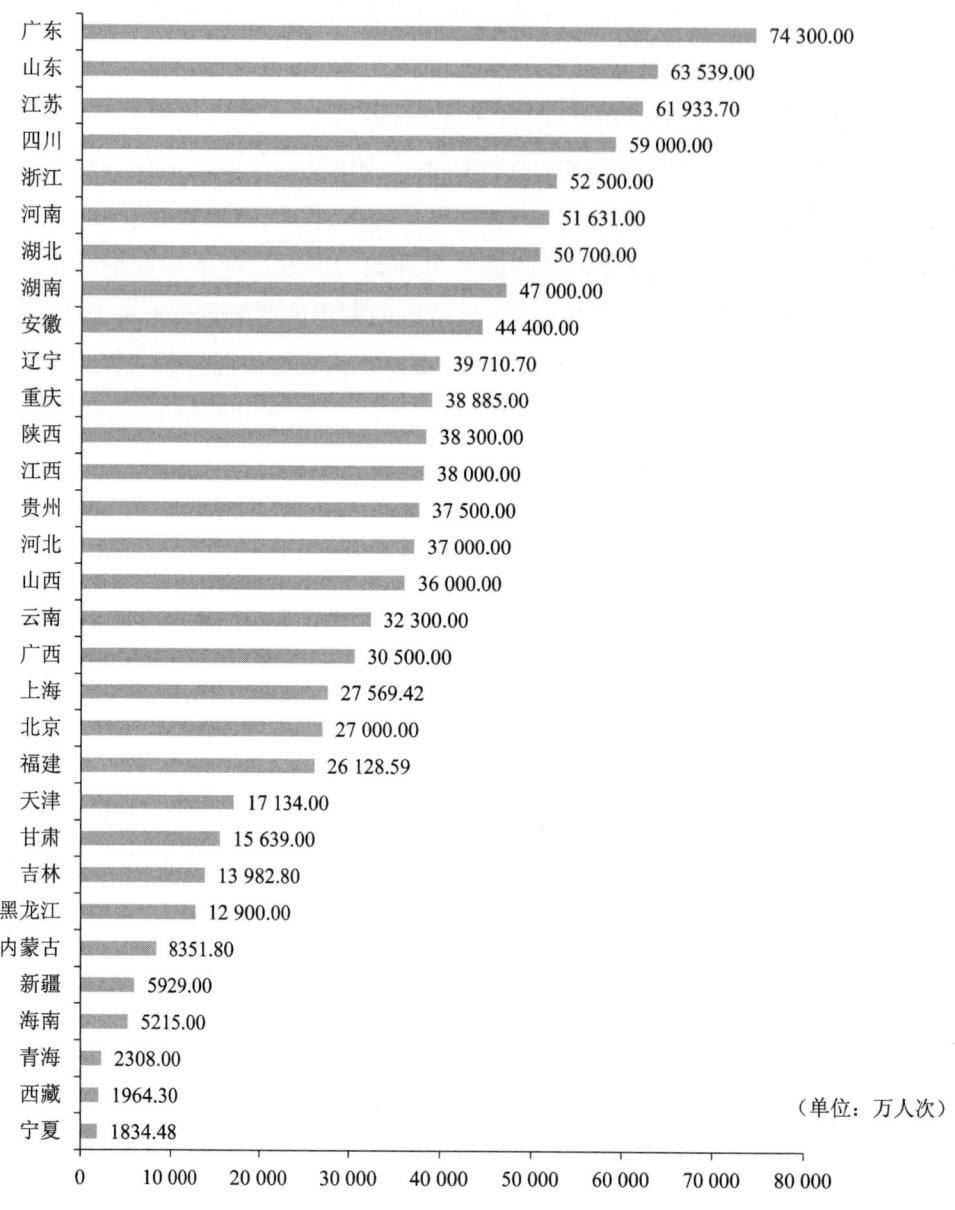

图3-2 2015年各省份国内旅游接待人数

从图3-3可以看出，四大区域的国内旅游接待量差距较大。2015年，东部地区接待国内游客数量最多，共接待39.23亿人次，占全国接待总人数的

39.27%。接待国内游客最少是东北地区，2015 年国内游客接待量仅为 6.66 亿人次，比去年呈现下降趋势，占全国旅游接待人数总量的 6.67%。此外，中部和西部地区国内旅游接待量差距较小，二者分别接待国内游客 26.77 亿人次和 27.25 亿人次，分别占全国总量的 26.80% 和 27.27%。

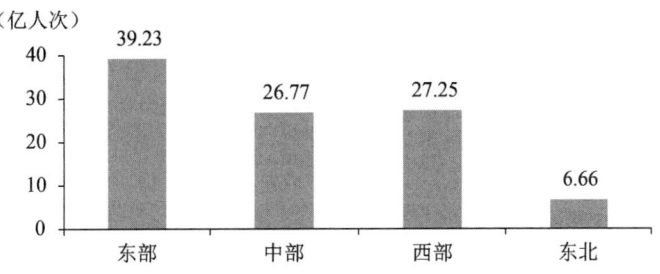

图 3-3 2015 年四大区域国内旅游接待人数

2. 各省份国内旅游接待量的增速减慢，区域增长不均衡，中部和西部增长率领先

2014—2015 年各省份国内旅游接待量的增长速度不均衡，其中国内旅游接待量增长最快的地区为西藏，年增长率为 30.83%。同时，辽宁省出现旅游接待负增长。2014—2015 年国内旅游接待量增长率在 30% 以上的仅有西藏，国内旅游接待增长率不足 10% 的地区有宁夏、浙江、四川、江苏、山东、北京、上海、辽宁共 8 个省市区，比去年数量有所增加。

表 3-1 2014—2015 年各省份国内旅游接待人数年均增长率

省份	增长率（%）	省份	增长率（%）
西藏	30.83	河南	18.10
甘肃	23.50	安徽	17.20
新疆	23.50	贵州	17.10
江西	23.30	吉林	16.50
黑龙江	22.74	陕西	16.20
山西	20.20	广西	16.00
河北	18.20	青海	15.40

续表

省份	增长率（%）	省份	增长率（%）
云南	15.00	宁夏	9.82
湖南	14.90	浙江	9.70
福建	14.20	四川	9.20
广东	12.90	江苏	8.40
湖北	12.70	山东	7.69
内蒙古	12.60	北京	4.40
重庆	12.22	上海	2.80
海南	11.40	辽宁	-13.53
天津	11.20		

结合图3-4可以看出，2014—2015年四大区域中，东中西部地区年均游客接待量增长率均呈现增长的态势，均超过10%，其中中部地区持续领先，保持15%以上的旅游接待量年增长率。东北地区则呈现出2.73%的负增长。总体上看，四大区域在2014—2015年国内游客接待量的增长速度均低于2013—2014年。

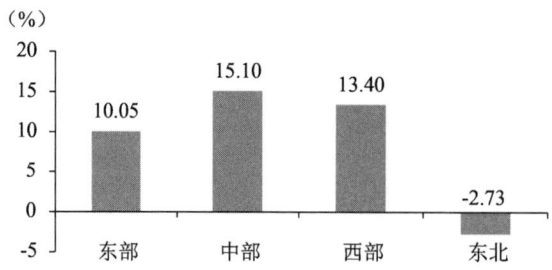

图3-4　2014—2015年四大区域国内旅游接待人数年均增长率

3. 2015年国内旅游接待量仍呈现出收敛均衡发展的趋势

图3-5是2015年各省份国内旅游接待量及增长率的散点图，通过图3-5发现，国内游客接待人次的发展基本延续了前十年的发展规律，呈现出收敛均衡发展的趋势。2014年国内旅游接待人数规模大的省份，在2014—2015年的国内游客接待量增长速度比较慢，而2014年国内旅游接待人数规模小的省份在2014—2015年国内游客接待量表现出较快的增长率。2014年广东的国内游客接待量为6.58亿人次，2014—2015年增长率为12.9%；而2014年西藏国内游客接待量为1501万人次，2014—2015年增长率为30.8%。

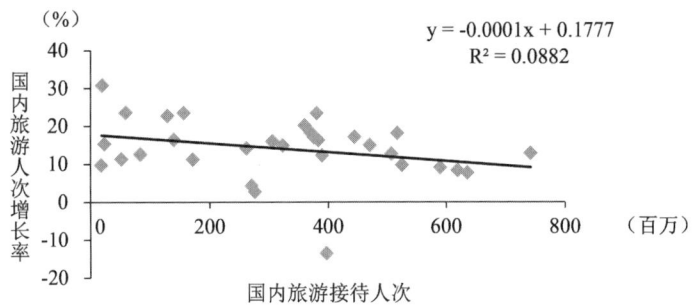

图3-5　2015年各省份国内旅游接待量及增长率散点图

（二）国内旅游收入

国内旅游收入由国内旅游接待人数决定，是确定国内旅游目的地的重要指标，易受各地区旅游业创造价值的能力影响。本节研究了2015年国内旅游收入在空间上的分布特征，以及与2014年相比的发展演变趋势。

1. 国内旅游收入各省区之间仍差异明显，东部地区仍保持显著优势

从图3-6中，可以看出2015年各省份国内旅游收入存在较大差距。2015年广东省以10 365亿元大幅度超过排名第二的江苏省，连续三年国内旅游收入位居全国首位。此外，江苏、浙江、四川、山东四省国内旅游收入超过6000亿元。宁夏、青海、西藏、海南、甘肃、新疆全国旅游收入处于较落后的排名，旅游收入不足1000亿元。其中宁夏国内旅游收入仅为159.28亿元，占全国旅游总收入的0.15%，占广东省旅游收入的1.53%。

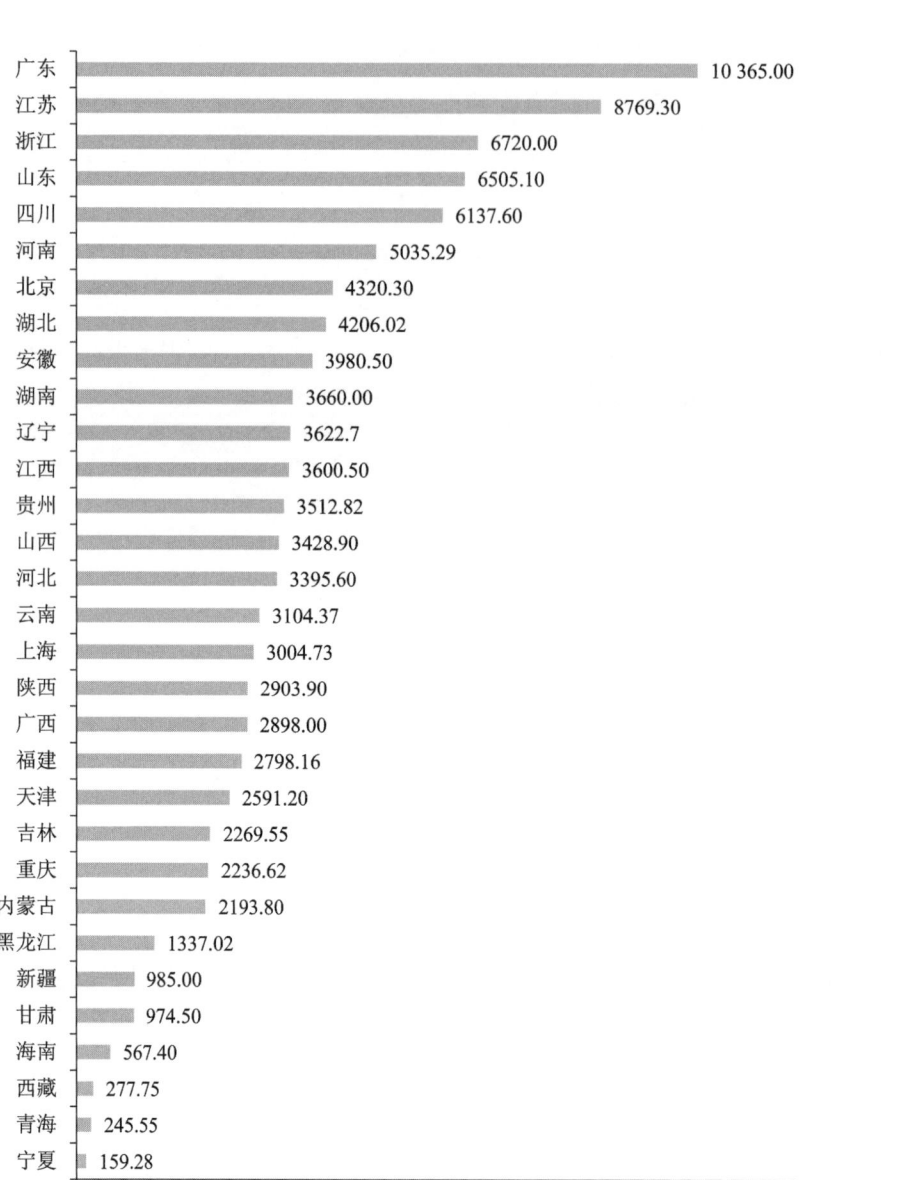

图3-6　2015年各省份国内旅游收入

图3-7反映了2015年我国四大区域国内旅游收入的差异情况。2015年，国内旅游收入存在明显差距，其中东部地区国内旅游收入为49 036.79亿元，占国内旅游收入的46.35%。中部地区和西部地区国内旅游收入差距较小，分别为23 911.21亿元和25 629.18亿元，占全国的22.60%和24.22%。同时，

国内旅游收入最少的区域为东北地区,仅为7229.27亿元,仅占全国国内旅游收入的6.83%,与去年相比有所下降。

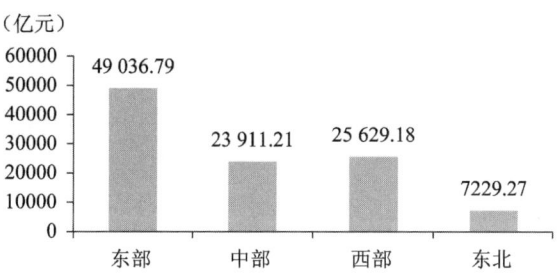

图3-7 2015年四大区域国内旅游收入

2. 国内旅游收入的区域增长地区之间差异较大,西部、中部、东部均呈现增长态势

2014—2015年各省国内旅游收入的增长速度不均衡,国内旅游收入增长率最高的是新疆,年增长率为58.99%,国内旅游收入增长率居于第二位的是江西,增速高达37.70%。总体来看,2014—2015年各省份国内旅游收入增长速度有所减缓,且个别省份出现负增长情况。

表3-2 2014—2015年各省份国内旅游收入增长率

省份	增长率(%)	省份	增长率(%)
新疆	58.99	青海	25.50
江西	37.70	甘肃	25.00
西藏	37.25	云南	23.30
河北	34.30	湖南	21.90
黑龙江	29.62	贵州	21.30
四川	26.90	山西	21.20
广西	26.00	安徽	20.30
内蒙古	25.70	陕西	19.30
吉林	25.70	福建	16.30

续表

省份	增长率（%）	省份	增长率（%）
河南	15.30	天津	12.30
湖北	14.30	广东	11.80
山东	13.90	江苏	11.50
宁夏	13.03	北京	8.10
浙江	13.00	上海	1.90
海南	13.00	辽宁	-30.20
重庆	12.40		

图3-8显示了2014—2015年四大区域国内旅游收入的增长率，国内旅游收入最高的东部地区的增长率仅为15.56%，西部地区国内旅游收入增长率继续保持领先地位，中部次之，分别为22.87%和20.48%。总体上看，中西部地区国内旅游收入增长率相对较高，并连续数年持续增长。东北地区则出现了9.50%的负增长。

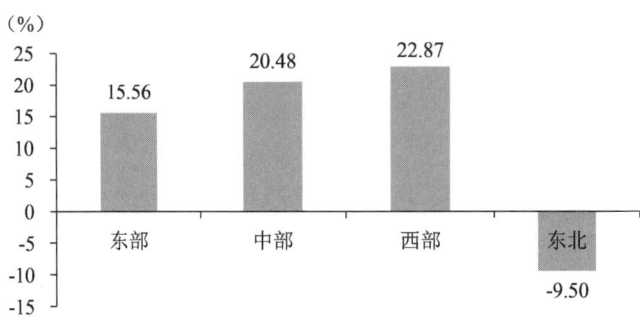

图3-8　2014—2015年四大区域国内旅游收入增长率

3. 2015年国内收入仍呈现出收敛均衡发展的趋势

图3-9是2015年各省份国内旅游收入及增长率的散点图，通过线性回归拟合可以发现，国内旅游收入的发展基本延续了前十年的发展规律，呈现出收敛均衡发展的趋势。从图中可以看出，2014年国内旅游收入规模较大的省份在

2014—2015年表现出较低的增长率,而2014年国内旅游收入规模小的省份在2014—2015年表现出较高的增长率。2014年国内旅游收入为200.31亿元的青海,2014—2015年国内旅游收入增长率为25.48%。2014年国内旅游收入为8220亿元的广东,2015年国内旅游收入增长率为11.8%。

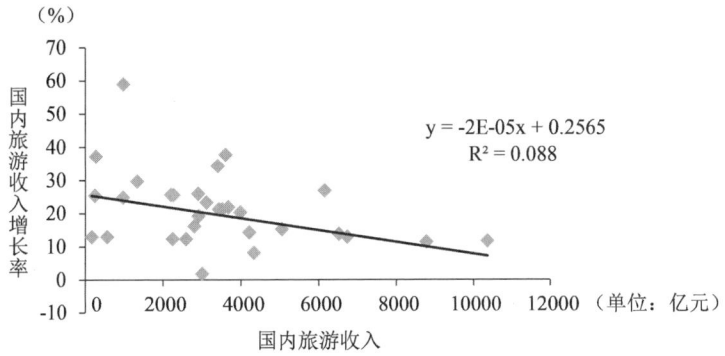

图3-9 2015年各省份国内旅游收入及增长率散点图

(三) 国内旅游目的地的确定

本研究将分别基于省级尺度来研究和确定国内旅游重点目的地。国内重点旅游省份将主要依据上文中国内旅游人数和国内旅游收入等指标并构建旅游目的地绩效指数后确定。

上文分析了全国各地区的国内旅游接待量和国内旅游收入的现状和近年来的发展轨迹,为了明确全国旅游目的地以便本报告的进一步分析,需要综合考虑国内旅游人数和国内旅游收入的综合影响,因此本报告分别对两个指标进行标准化处理以构建全国旅游目的地绩效指数。假设i省份的X指标值为X_i,那么i省份X指标的指数I_{xi}计算公式如下:

$$I_{xi} = \frac{X_i - \text{Min}(X)}{\text{Max}(X) - \text{Min}(X)}$$

公式通过计算指标值与样本集合中指标最小值的差,并与样本集合中指标最大值和指标最小值的差相除,从而得到相应指数值。显然,指标值最高者的指数值为1,而指标值最低者的指数值为0,其余样本的指数值位于0至1的闭区间内。全国旅游目的地绩效指数为国内旅游人数指数和国内旅游收入指数的算术平均值。全国旅游目的地绩效指数综合反映了国内旅游人数和国内旅游收入,能够作为确定国内旅游目的地重要程度的指标。

图3-10反映了2014年全国各省份的旅游目的地绩效指数,排名前五位的省份有所变化,分别是广东、江苏、山东、浙江、四川。

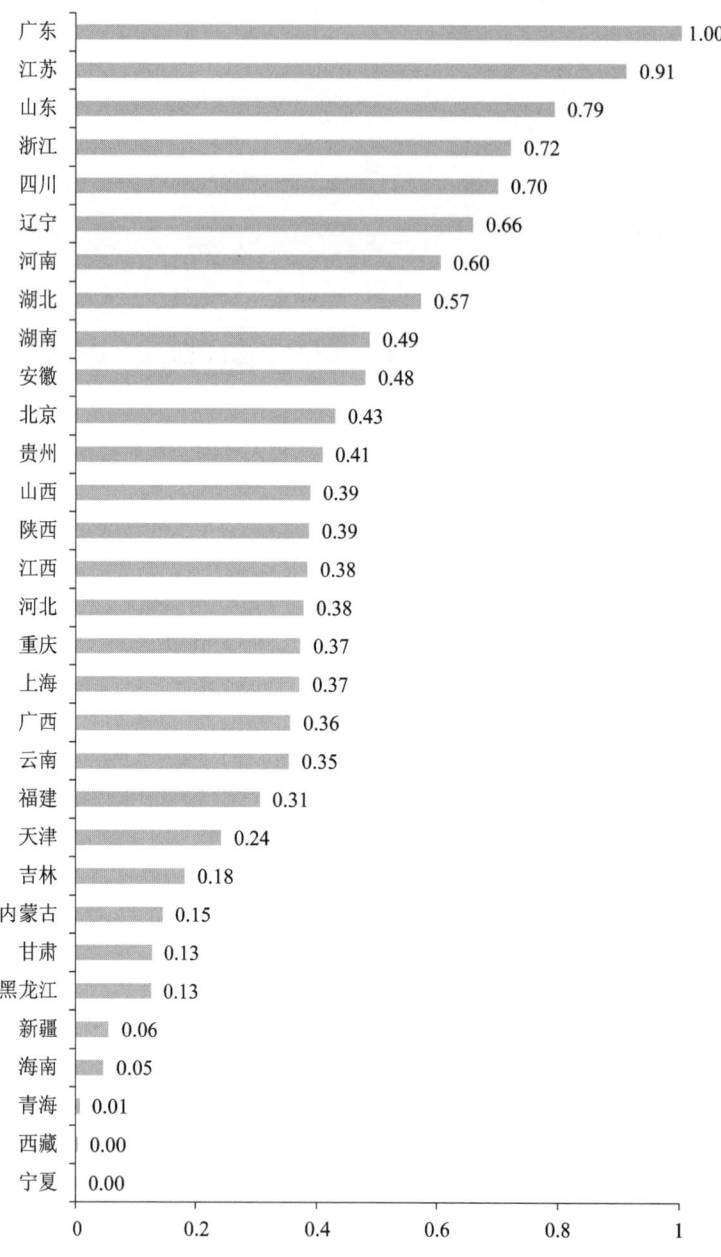

图3-10 2014年各省份旅游目的地绩效指数

图 3-11 反映了 2015 年全国各省份的旅游目的地绩效指数，与 2014 年相比，排名前五位的省份仍为广东、江苏、山东、四川、浙江，与去年相比四川排名上升一位。

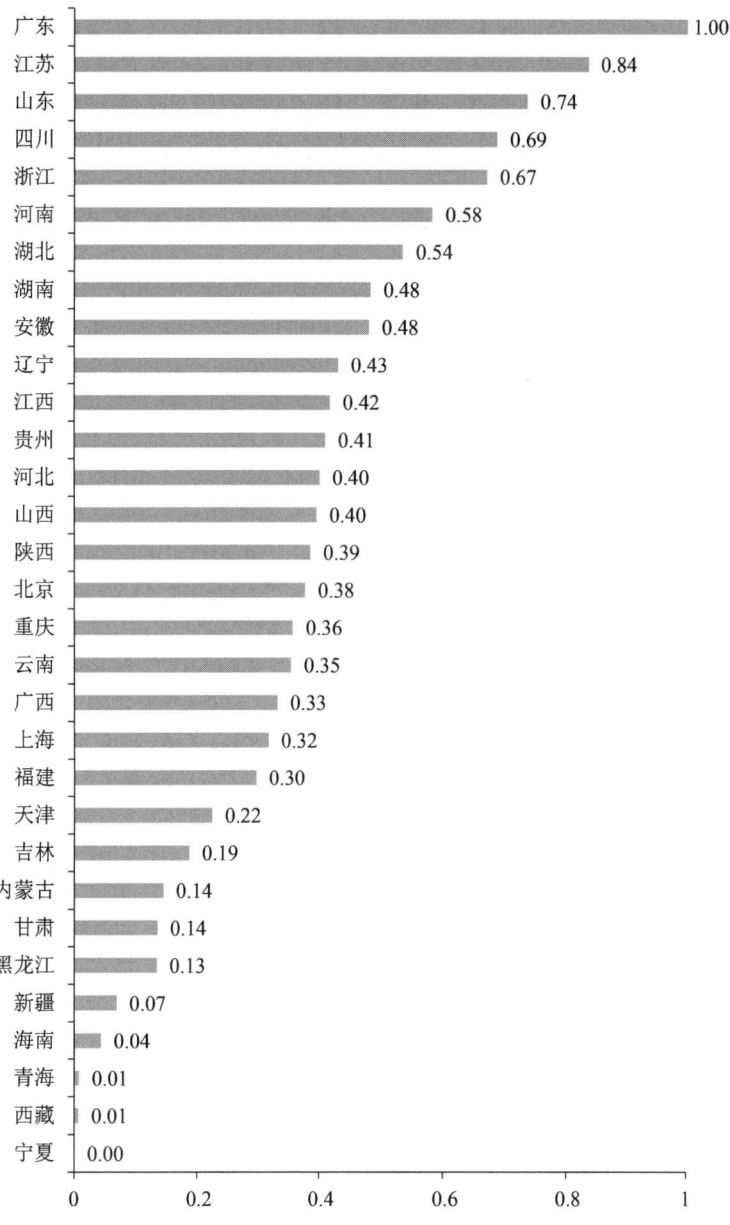

图 3-11　2015 年各省份旅游目的地绩效指数

从表 3-3 可以看出，2014—2015 年各省份旅游目的地绩效指数排名变动的具体情况。江西排名提升幅度最大，上升 4 个名次，其次是河北，上升 3 个名次，云南上升 2 个名次。四川、河南、湖北、湖南、安徽各上升 1 个名次。有 17 个省区与去年保持相同名次。相反，名次下降的省市有 6 个，分别为北京、辽宁、上海、山西、陕西、浙江。总体而言，大部分省区在 2014—2015 年旅游目的地绩效指数排名无变动，呈现均衡发展趋势。

目的地绩效指数排名上升幅度较大的主要为中部省份，如江西、河北等。相反，目的地绩效指数排名下降的主要为东部地区的北京、上海等省市，呈现出较明显的地域特征。

表 3-3　2014—2015 年各省份旅游目的地绩效指数排名变动情况

省份	排名变动	省份	排名变动
江西	4	吉林	0
河北	3	内蒙古	0
云南	2	甘肃	0
四川	1	黑龙江	0
河南	1	新疆	0
湖北	1	海南	0
湖南	1	青海	0
安徽	1	西藏	0
广东	0	宁夏	0
江苏	0	浙江	-1
山东	0	山西	-1
贵州	0	陕西	-1
重庆	0	上海	-2
广西	0	辽宁	-4
福建	0	北京	-5
天津	0		

三、国内旅游目的地主要特征

本节将着重研究国内旅游目的地的国内旅游人均消费、国内旅游收入占GDP比重、国内旅游人数与总人口比值等指标，分析了国内旅游目的地的性质特征和在空间上的分布规律。

（一）国内旅游人均消费

国内旅游人均消费指标是由国内旅游收入除以国内旅游人次之后得出，反映了国内旅游每人次的消费额，是反映各地区旅游业创造价值能力的重要指标。本节主要研究2015年国内旅游人均消费在空间上的分布特征，以及与2014年相比的发展演变趋势。

1. 国内旅游人均消费各省份之间差距较小，中西部地区增长迅速

图3-12反映了我国各省份国内旅游人均消费差距。2015年内蒙古的国内旅游人均消费仍然位居全国第一，其国内旅游人均消费达到2626.74元。国内旅游人均消费超过1000元的省份数量增长为16个，包括内蒙古、新疆、吉林、北京、天津、江苏、西藏、广东、浙江、上海、海南、福建、青海、四川、黑龙江、山东。

2015年各地区的国内旅游人均消费地理分布，并不像国内旅游接待人数或国内旅游收入一样表现出明显的东、中、西分布的特征。其中，经济发达的京津地区和长江三角洲地区旅游人均消费较高，国内旅游规模较小的新疆、西藏和内蒙古等边疆地区其旅游人均消费较高，而传统旅游大省（市）中重庆和甘肃等地区旅游人均消费则相对较低。

2015年四大区域国内旅游人均消费全国各地区仍存在较大的差距。其中，东部地区的国内旅游人均消费最高，达到1249.92元。其次是东北地区，国内旅游人均消费为1085.58元，而国内旅游人均消费最少的西部和中部地区，分别为940.48元和893.11元（见图3-13）。

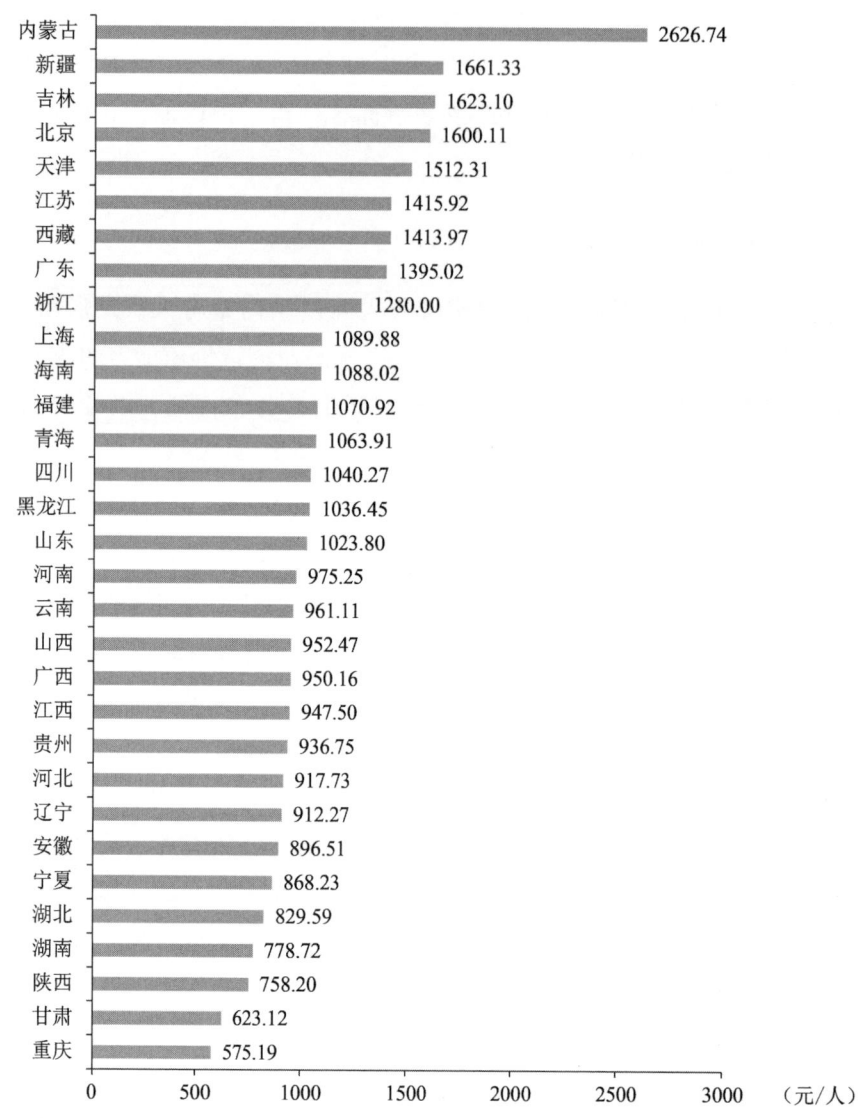

图 3-12　2015 年各省份国内旅游人均消费

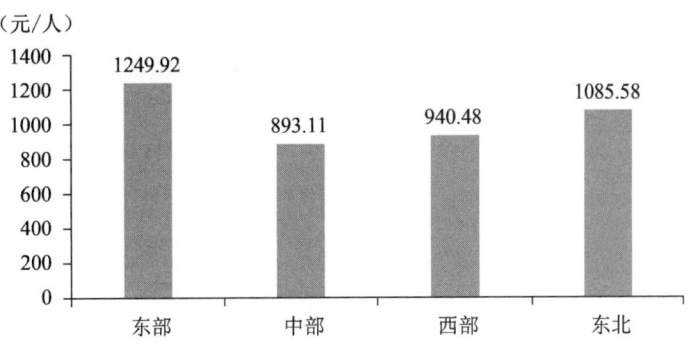

图 3-13 2015 年四大区域国内旅游人均消费

2. 国内旅游人均消费的增长速度区域差距显著，西部增长最快，东北次之，东部和中部增长最慢

2014—2015 年各省区旅游人均消费的增长速度呈现不均衡态势，旅游人均消费增长最快的是新疆，年增长率为 28.78%，其次是四川，增速为 16.10%。2014—2015 年旅游人均消费增长率大于 10% 的省份有 7 个，正增长的省份有 28 个。在 2015 年有 2 个省份出现旅游人均消费的负增长，分别是上海和辽宁。

表 3-4 2014—2015 年各省份旅游人均消费年均增长率

省份	增长率（%）	省份	增长率（%）
新疆	28.78	青海	6.25
四川	16.10	湖北	5.84
江西	12.80	黑龙江	5.81
河北	12.51	山东	5.76
广东	11.67	西藏	4.91
内蒙古	11.62	湖南	4.66
吉林	10.29	北京	4.09
广西	8.78	贵州	3.67
云南	7.30	浙江	3.10

续表

省份	增长率（%）	省份	增长率（%）
安徽	2.93	甘肃	1.15
宁夏	2.91	山西	0.99
江苏	2.64	天津	0.99
陕西	2.44	重庆	0.16
福建	1.88	上海	-0.92
河南	1.79	辽宁	-19.28
海南	1.45		

图3-14反映了2014—2015年四大区域国内旅游人均消费增长率的情况，在该年度，西部地区的国内旅游人均消费增长率最高，达到8.35%；东部地区国内旅游人均消费年均增长率为5.01%，中部地区国内旅游人均消费增长率为4.67%，与去年相比都有显著上升。东北地区国内旅游人均消费增长率则为-6.96%。

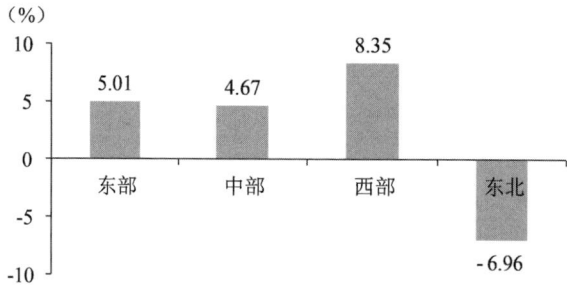

图3-14 2014—2015年四大区域国内旅游人均消费增长率

3. 2015年国内旅游人均消费呈发散趋势

图3-15横轴代表2015年国内旅游人均消费，纵轴代表2014—2015年国内旅游人均消费增长率，通过线性回归拟合可以发现，国内旅游人均消费的发

展呈现出发散的趋势。从图中可以看出，2015年国内旅游人均消费额较高的省区在2014—2015年的国内旅游人均消费增长速度较快。如2014年国内旅游人均消费2353元的内蒙古，在2014—2015年国内旅游人均消费增长率为11.62%，2014年国内旅游人均消费为1051元的福建，在2014—2015年国内旅游人均消费增长率为1.88%。

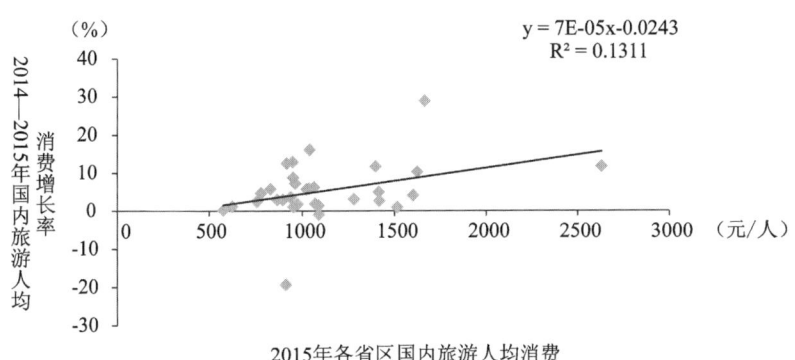

图3-15　2015年各省份国内旅游人均消费及增长额散点图

（二）国内旅游收入占GDP比重

国内旅游收入占GDP比重指标是由各地区国内旅游收入除以地区生产总值得出，反映了国内旅游业在各地区的国民经济和社会发展中的重要地位，是衡量各地区旅游业作为支柱产业的重要性的指标。本节主要研究2015年国内旅游收入占GDP比重在空间上的分布特征，以及与2014年相比的发展演变趋势。

1. 国内旅游收入占GDP比重在各省份之间差距缩小，西部地区和中部地区的比重较高

图3-16反映了2015年各省份国内旅游收入占GDP比重，贵州持续处于全国第一的位置，国内旅游收入占GDP的比重持续上升，高达33.45%。国内旅游收入占GDP比重高于20%的省份还有西藏、山西、云南、江西、四川，比重高于15%的地区多达14个。

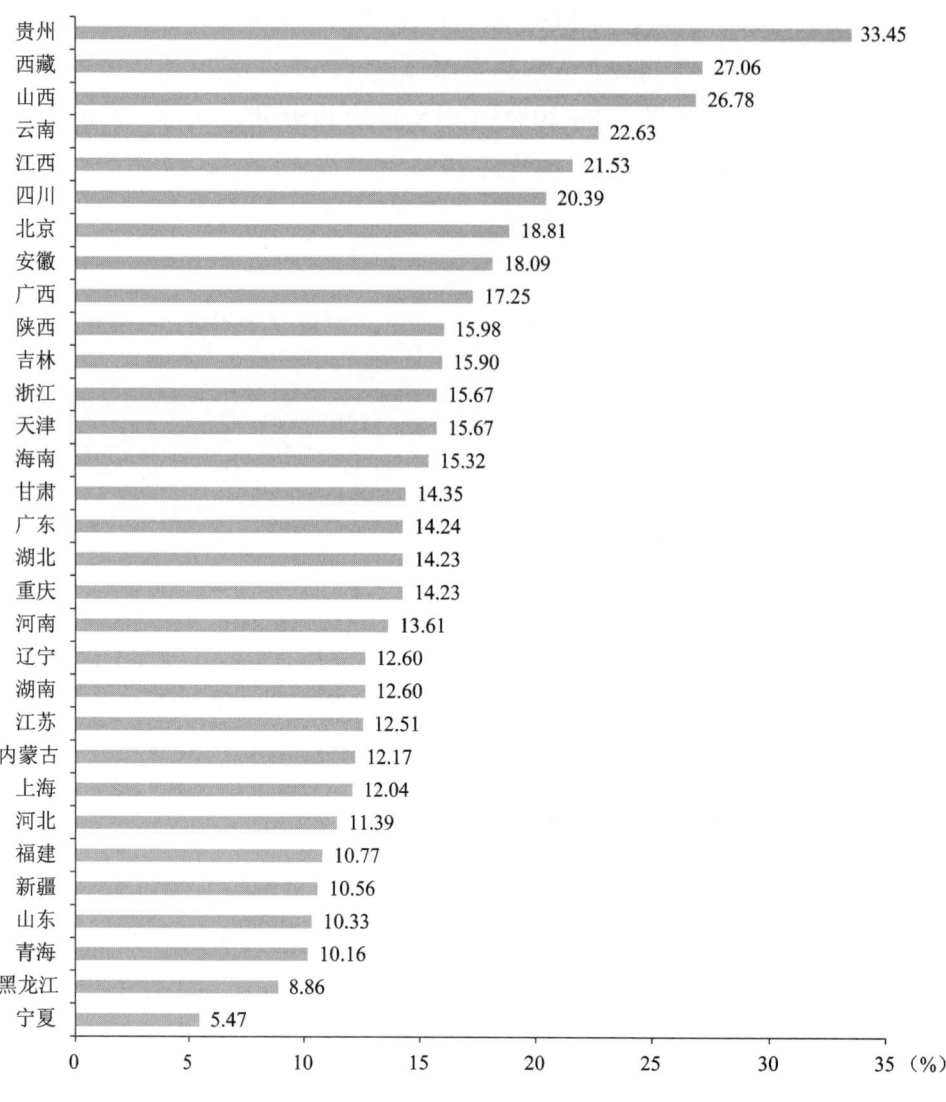

图 3-16 2015年各省份国内旅游收入占 GDP 比重

从图 3-17 可以看出，2015 年我国四大区域国内旅游收入占 GDP 比重差异较小，西部地区和中部地区国内旅游收入占 GDP 比重最高，分别为 17.6% 和 16.3%，东部地区国内旅游收入占 GDP 比重居中，为 13.2%，而东北部地区的国内旅游收入占 GDP 比重最低，为 12.4%。

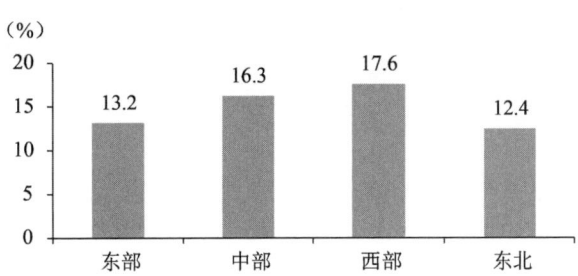

图 3-17　2015 年四大区域国内旅游收入占 GDP 比重

2. 国内旅游收入占 GDP 比重大致呈现增长态势、西部和中部地区小幅增长

从表 3-5 中可以看出，各省份的 2014—2015 年国内旅游收入占 GDP 比重的增加值差距较小。国内旅游收入占 GDP 比重增加值最高的省份是山西，达到 18.71%，而比重增加值最低的是北京，仅有 0.07% 的增长。2014—2015 年国内旅游收入占 GDP 比重增加值超过 2% 的省区高达 15 个。上海和辽宁的国内旅游收入占 GDP 比重则出现了负增长。

表 3-5　2014—2015 年各省份国内旅游收入占 GDP 比重增加值

省份	增加值（%）	省份	增加值（%）
山西	18.71	安徽	2.21
西藏	5.08	贵州	2.14
江西	4.88	广东	2.11
新疆	3.88	黑龙江	2.01
四川	3.43	青海	1.45
吉林	3.10	广西	1.33
云南	2.99	湖南	1.32
甘肃	2.95	河南	1.11
河北	2.80	天津	0.99
内蒙古	2.35	海南	0.98
陕西	2.22	浙江	0.86

续表

省份	增加值（%）	省份	增加值（%）
湖北	0.80	重庆	0.28
福建	0.77	北京	0.07
山东	0.71	上海	-0.49
江苏	0.43	辽宁	-5.53
宁夏	0.35		

从图3-18可以看出，2015年国内旅游收入占GDP比重均有所增加，中部地区国内旅游收入占GDP比重增加值较为显著，高达3.92%，超过西部地区成为国内旅游收入占GDP比重增长最快的地区。国内旅游收入占GDP比重增长较快的还有西部地区和东部地区，其国内旅游收入占GDP比重的增长值分别为2.51%和1.03%。总体而言，2015年各省份国内旅游收入占GDP比重较2014年有所上升。

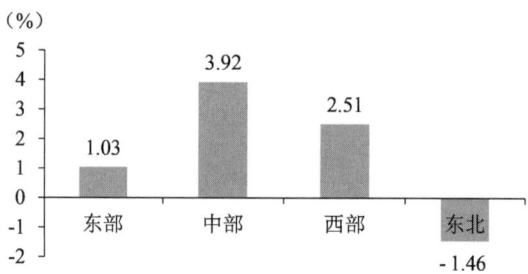

图3-18 2014—2015年四大区域国内旅游收入占GDP比重增加值

3. 2015年各省份的国内旅游收入占GDP比重呈现出发散的趋势

图3-19反映了2014—2015年各省份国内旅游收入占GDP比重的增长情况。2014年国内旅游收入占GDP比重高的省份，在2015年内国内旅游收入占GDP比重的增加值较大，如西藏2014年国内旅游收入占GDP的比重为22%，在2014—2015年间其国内旅游收入占GDP比重的增加值为5.08%。

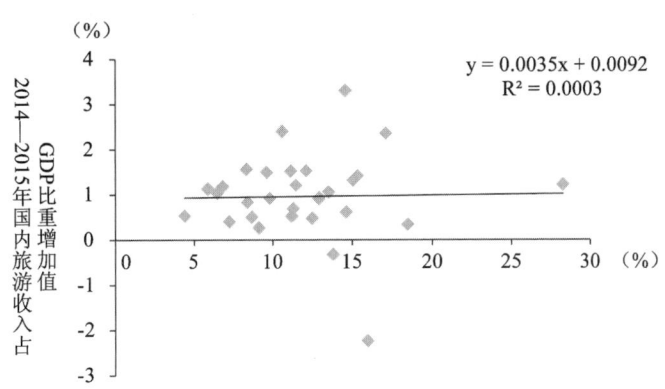

图 3-19　2012 年各省份国内旅游收入占 GDP 比重及增长值散点图

(三) 国内旅游人数与总人口比值

国内旅游人数与总人口比值是根据各地区每年接待的国内旅游人数相对于总人口的比值计算得出,是衡量各地区国内旅游吸引游客能力的重要指标。本节主要研究 2015 年国内旅游人数与总人口比值在空间上的分布特征,以及与 2014 年相比的发展趋势。

1. 各省份国内旅游人数与总人口比值差距显著,东部和西部地区的比值最高

从图 3-20 可以看出,2015 年各省份国内旅游人数与总人口比值存在较大差距。2015 年,重庆市超过北京市,以国内旅游人数与总人口比值 12.89,居于全国第一位。其中,比值高于 10 的省区有 6 个,包括重庆、北京、上海、天津、贵州、陕西。

2015 年我国四大区域国内旅游人数占总人口的比值存在明显差异,东部地区超过东北地区,以 7.47 的比值居第一位,其次是西部地区,其国内旅游人数占总人口的比值达到 7.20,中部与东北部地区比值低于 7,分别为 6.95 和 6.07。

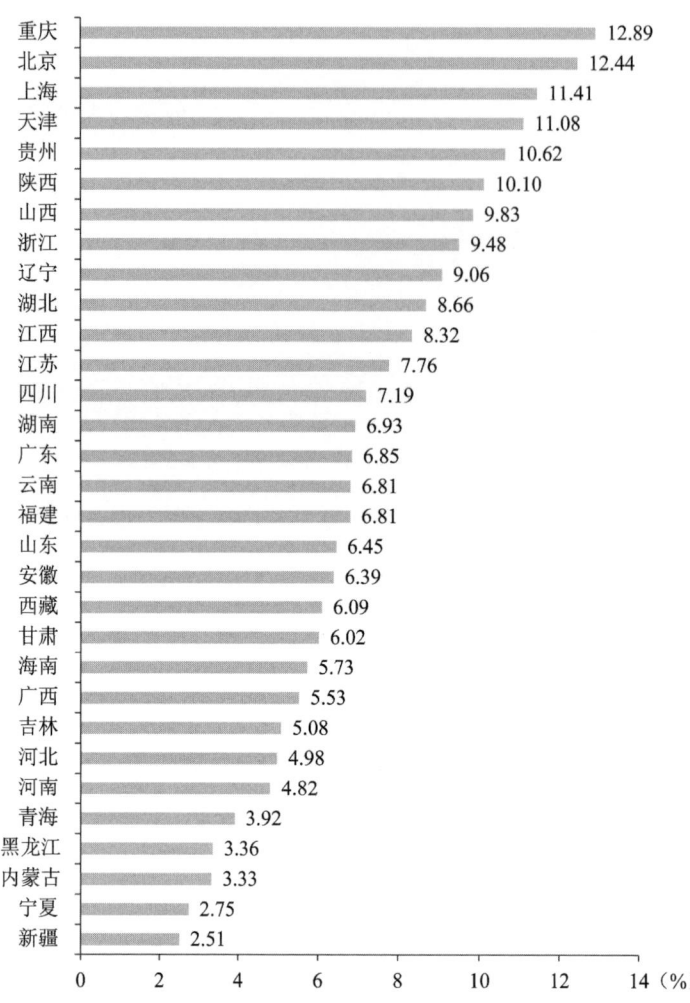

图 3-20　2015 年各省区国内旅游人数与总人口比值

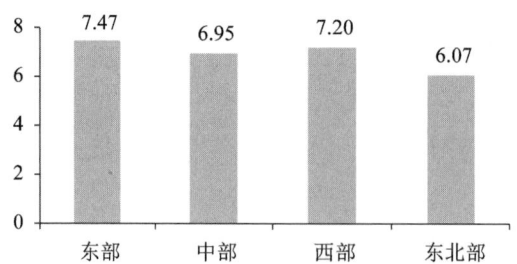

图 3-21　2015 年四大区域国内旅游人数与总人口比值

2. 2015 年各省份国内旅游人数与总人口比值的增长速度减缓，西部、中部地区缓慢增加

从表 3-6 可以看出，2014—2015 年各省份国内旅游人数与总人口比值的增加值存在明显差距，山西处于领先地位，国内旅游人数与总人口比值的增加值为 1.60。此外，贵州、江西、陕西、西藏、重庆、甘肃 6 个省区的国内旅游人数与总人口比值增加值也在 1.0 以上。

表 3-6　2014—2015 年各省份国内旅游人数与总人口比值增加值

省份	增加值	省份	增加值
山西	1.60	江苏	0.60
贵州	1.49	湖北	0.60
江西	1.47	四川	0.56
陕西	1.38	海南	0.54
西藏	1.36	河南	0.54
重庆	1.31	青海	0.49
甘肃	1.13	山东	0.43
天津	0.92	新疆	0.42
云南	0.85	内蒙古	0.37
湖南	0.84	上海	0.36
福建	0.79	北京	0.36
河北	0.78	广西	0.31
浙江	0.78	宁夏	0.22
吉林	0.72	安徽	0.14
广东	0.71	辽宁	-1.40
黑龙江	0.62		

如图 3-22 所示，2014—2015 年我国四大区域国内旅游人数与总人口比值

的增加值存在较大差异，西部地区比重增加值最高为 0.80，中部地区和东部地区增加值分别为 0.74 和 0.64，东北地区国内旅游人数与总人口比值下降了 0.17。与上一年度相比，总体上四大区域的增加值均有小幅度下降。

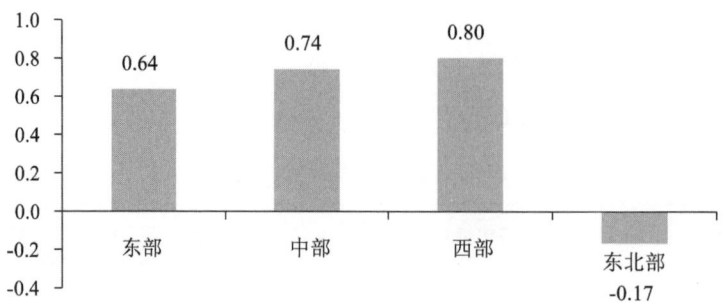

图 3-22　2014—2015 年四大区域国内旅游人数与总人口比值增加值

3. 2015 年各省份的国内旅游人数与总人口比值呈现出发散的发展趋势

从图 3-23 可以看出，2014 年国内旅游人数占总人口比值高的地区，其 2015 年国内旅游人数占总人口比值增加值较大，而 2014 年国内旅游人数占总人口比值低的地区，其 2015 年国内旅游人数占总人口比值增加值较小，呈现出发散的发展趋势。

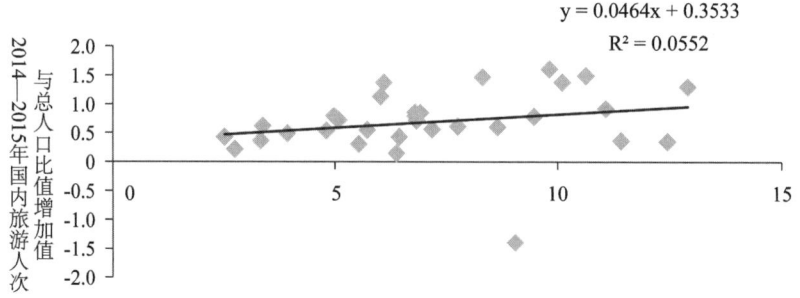

图 3-23　2015 年国内旅游人数与总人口比值及增加值散点图

四、国内旅游目的地发展驱动力

本节主要从旅游景区、旅游接待能力和游客满意度等三大方面来研究国内旅游目的地发展的驱动力，并分析旅游目的地发展驱动力对于旅游目的地绩效的决定作用。

(一) 旅游景区指数

为了研究国内旅游的产生和发展机制，本报告选择了各地区的5A和4A景区作为核心旅游吸引物进行研究，并通过将5A景区和4A景区数量进行标准化，构建了各地区旅游景区指数。

表3-7显示了2014年全国各省区的旅游景区指数排名，江苏省旅游景区指数排名第一的优势。进入前五名的其他省市分别为山东、浙江、广东、四川。旅游景区指数排名后五位的省区有海南、天津、宁夏、青海、西藏。

表3-7 2014年各省份5A和4A景区数量以及旅游景区指数

省份	5A景区	4A景区	景区指数	省份	5A景区	4A景区	景区指数
江苏	18	167	0.976	陕西	6	60	0.285
山东	9	175	0.719	云南	6	59	0.282
浙江	11	149	0.704	黑龙江	4	77	0.273
广东	10	150	0.676	山西	5	59	0.251
四川	9	133	0.594	辽宁	3	77	0.241
安徽	8	138	0.578	甘肃	3	61	0.194
湖北	9	101	0.500	贵州	3	51	0.164
河南	10	74	0.451	内蒙古	2	60	0.160
河北	5	119	0.428	吉林	3	47	0.153
广西	4	111	0.373	上海	3	44	0.144
福建	7	78	0.369	海南	4	15	0.089
湖南	6	78	0.338	天津	2	30	0.071
北京	7	63	0.325	宁夏	3	10	0.043
江西	6	72	0.320	青海	2	17	0.033
新疆	8	50	0.318	西藏	2	6	0.000
重庆	6	62	0.291				

从图 3-24 中，通过将旅游景区指数与旅游目的地绩效指数进行线性回归分析可以发现，旅游目的地绩效指数与旅游景区指数存在着较强的正相关性，旅游景区越多的地区，旅游目的地的绩效也就越好，说明旅游景区是决定旅游目的地绩效的重要因素。

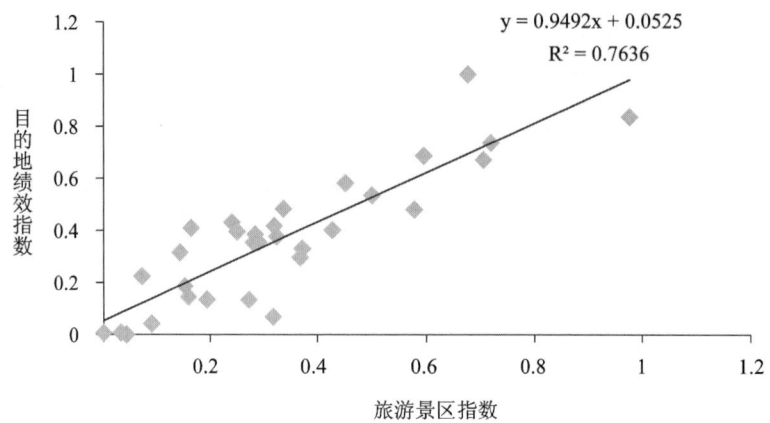

图 3-24　2014 年各省份旅游景区指数和旅游目的地绩效指数散点图

（二）旅游接待能力指数

本报告通过构建各地区的旅游接待能力指数，目的是分析研究旅游目的地接待能力与旅游目的地的关系。旅游接待能力指数通过对 2014 年住宿业企业营业额、餐饮业企业营业额、旅行社营业收入、星级饭店数、星级饭店床位数、旅游饭店房间数、四五星级饭店占星级饭店比重等共七个指标进行标准化处理并取算术平均值后得出。

图 3-25 反映了 2014 年各省份的旅游接待能力状况，其中，广东省以旅游接待能力指数 0.944 位居全国第一的位置。此外，旅游接待能力位于前五名的地区还有北京、浙江、江苏和上海，与前两年的排名保持一致。

通过对 2014 年各省份的旅游接待能力指数与旅游目的地绩效指数线性回归可以发现，2014 年的情况与 2013 年的情况类似，旅游接待能力指数与旅游目的地绩效指数呈正相关的关系，即旅游目的地的接待能力对于旅游目的地的绩效有较强的促进作用。

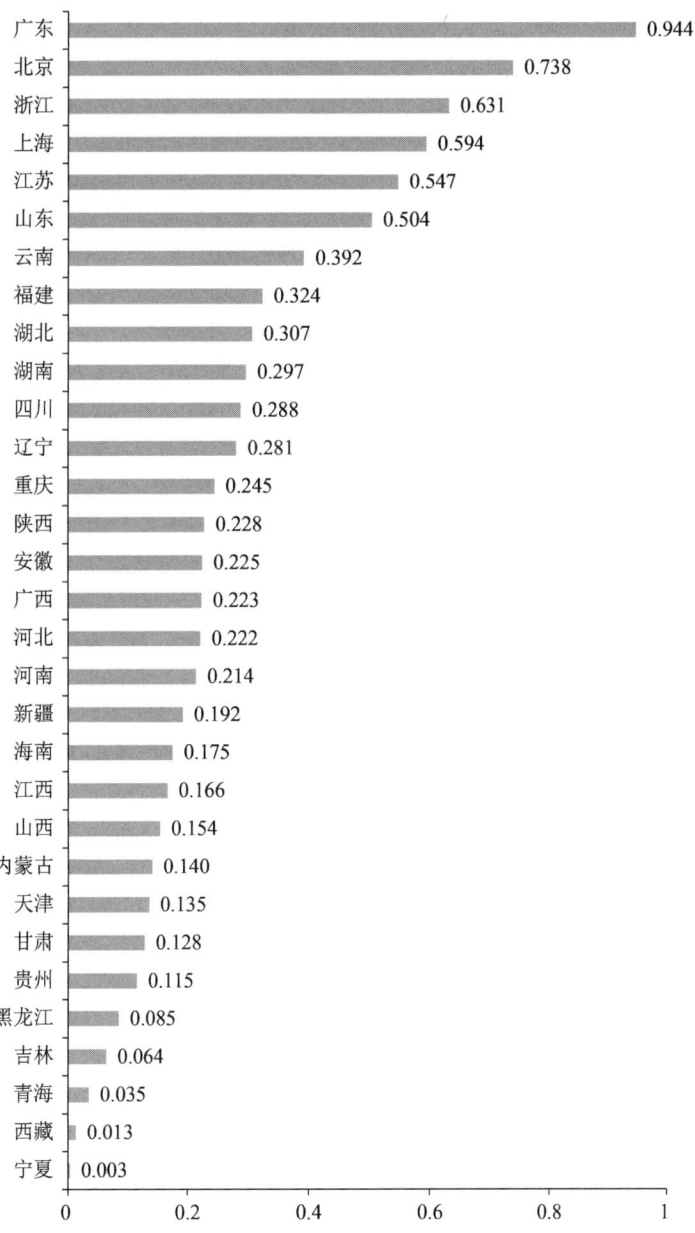

图 3-25 2014 年各省份旅游接待能力指数

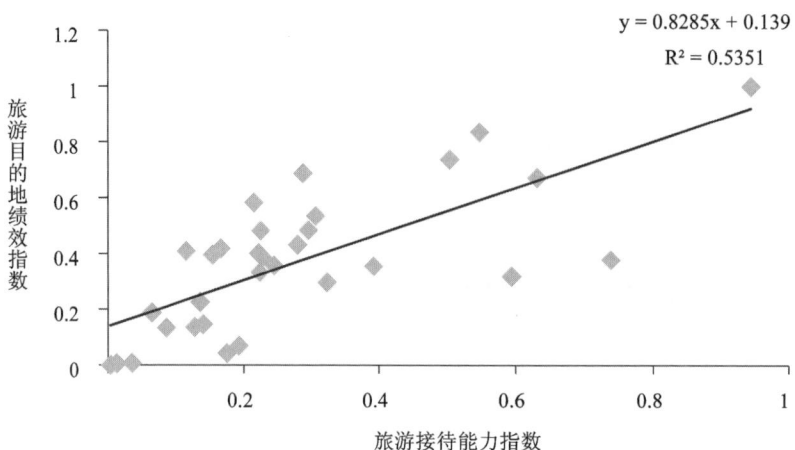

图 3-26　2014 年各省份旅游接待能力指数和旅游目的地绩效指数散点图

(三) 游客满意度指数

根据中国旅游研究院发布的 2015 年游客城市总体满意度数据,将省会城市的游客满意度作为整个省区市总体游客满意度的代表,通过标准化处理,得出 2015 年各省份的游客满意度情况。

如图 3-27 所示,2015 年,浙江保持游客满意度全国第一的位置不变。2015 年游客满意度排名前五位的省市还有四川、重庆、上海、江苏;位于后五位的省区分别为内蒙古、新疆、西藏、宁夏和甘肃。

通过对游客满意度指数与旅游目的地绩效指数的线性回归,做成散点图。总体来看,2015 年游客满意度指数与旅游目的地绩效指数仍呈正相关,即旅游目的地的游客满意度指数越高,其绩效指数也就越高。与 2014 年不同的是,两者的相关系数比旅游接待能力指数与旅游目的地指数的相关系数要低,即游客满意度对旅游目的地绩效的作用相比旅游景区数量和旅游接待能力的作用较弱。

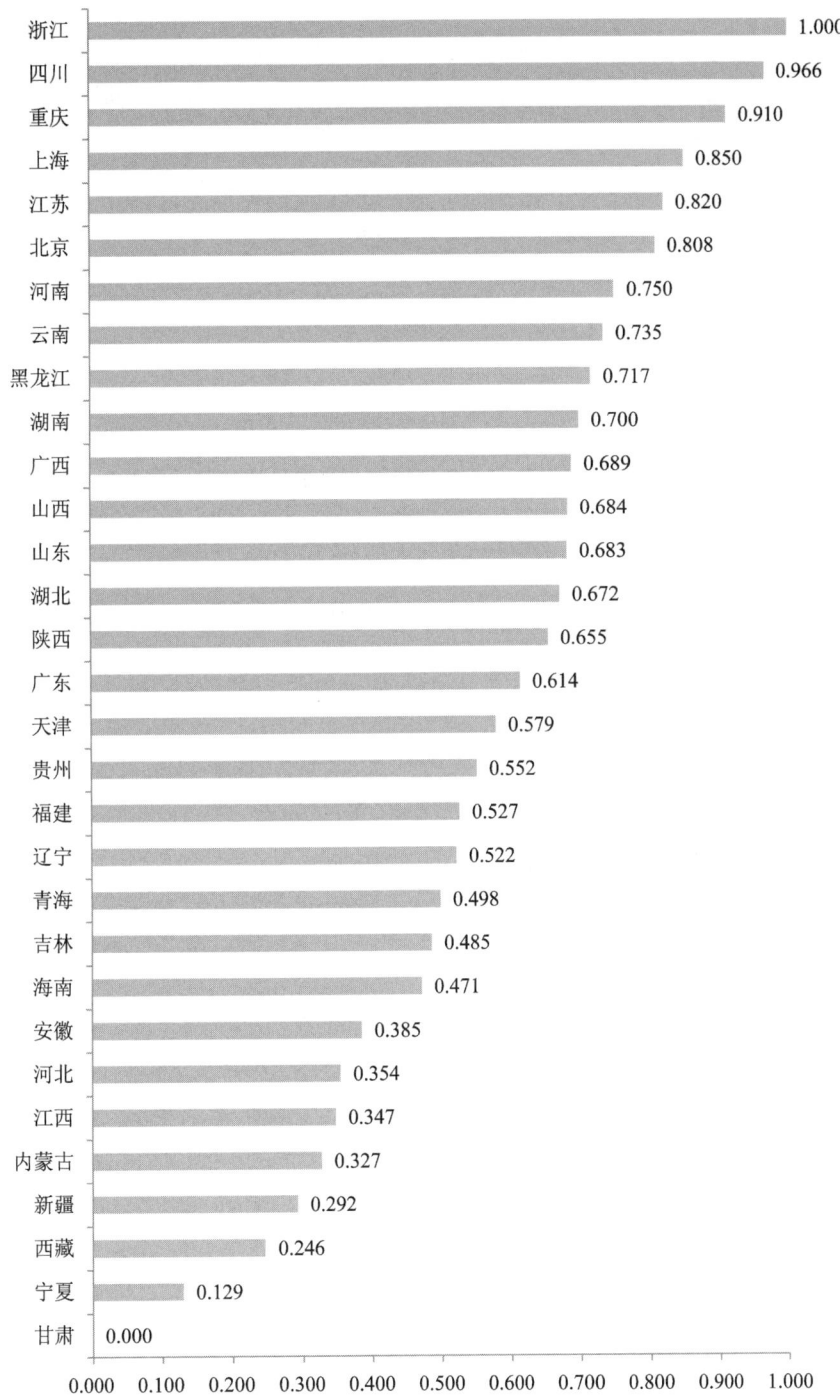

图 3-27　2015 年各省份游客满意度指数

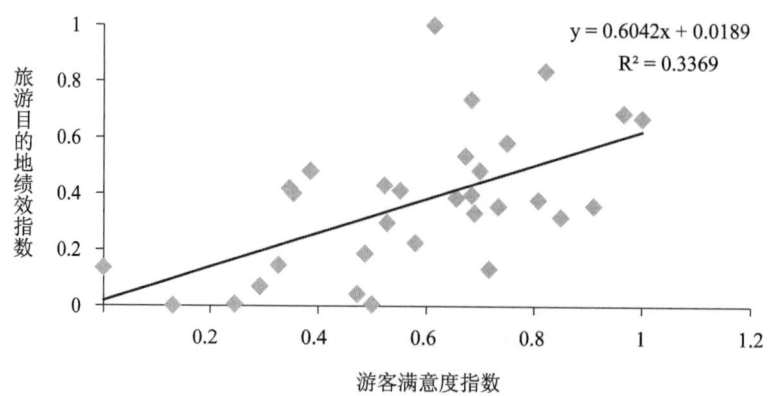

图 3-28 2015 年各省份游客满意度指数和旅游目的地绩效指数散点图

五、"十二五"时期旅游目的地发展回顾

(一) 旅游接待人数及收入稳步增长,旅游业发展后劲十足

"十二五"时期以来,全国各地区将旅游产业作为区域经济发展的重点产业来培育。旅游收入与旅游人次呈现逐年上涨的态势。从旅游收入来看,"十二五"初始期 2011 年,国内旅游总收入为 19 306 亿元,2015 年国内旅游总收入增至 34 195 亿元,年均增长率保持在 15% 以上。从旅游人数来看,2011 年国内旅游接待总人数为 26.4 亿人次,2015 年实现 40 亿人次,国内旅游人次年均增长率保持在 10% 以上。就国内旅游人均消费而言,实现从 731 元到 855 元的内涵型突破式增长。在"十二五"时期,我国旅游业实现了较大规模发展与创收。数据表明国内旅游接待量增加,旅游收入增多,人均旅游消费提高,旅游业发展后劲十足,展现出我国旅游业发展具有良好的经济效益和发展势头。

(二) 旅游新业态不断涌现,旅游目的地接待能力得到质与量的提升

"十二五"时期,随着大众休闲需求的不断扩大和旅游业的不断发展,人们对于旅游产品的要求不断提高并呈现出个性化发展的趋势,旅游逐渐从观光旅游占绝对主体地位转向观光、度假休闲和专项旅游协调发展,其中休闲旅游

越来越突出。旅游市场的变化使得传统观光产品得到提升，新兴业态快速发展，休闲度假旅游迅速崛起。这主要体现在冰雪旅游、温泉旅游、邮轮旅游、滨海旅游、会展旅游、奖励旅游、健康旅游、探险旅游等新兴业态的快速发展。国际旅游区、新兴旅游项目、国际旅游城市的建设与旅游服务标准化的推广，促使旅游目的地在接待能力上实现较大的提升。从旅游收入角度而言，旅游收入占GDP的比重在全国范围内实现普遍上升，在2014年占到国民经济总收入的14%，逐步发挥着作为国民战略性支柱产业的作用；从旅游接待人次与总人口比值角度而言，在2015年两者比值超过7。就旅游接待设施而言，全国5A级景区，从2011年130个增长到2015年184个，旅游景区总数在2014年年底高达7259个，四五星饭店高达3188个。数据充分表明，在"十二五"时期，我国旅游目的地的建设实现了较大突破，目的地接待能力与产业规模，实现质与量的双重提升。

（三）国家战略利好促使区域旅游发展差异逐渐减小，增添合作新动力

伴随着国家西部大开发、"一带一路"战略、"十个全覆盖"、边境旅游示范点以及全域旅游示范点等一系列的政策的落地与实施，为我国西部、东北部地区旅游业的发展创造了空前的利好契机与政策优势。中西部地区享受着我国最优惠政策，为投资合作、发展旅游项目创造了良好的外部环境。随着国家实施西部大开发、"一带一路"战略、"十个全覆盖"、边境旅游示范点战略效应的逐步显现，旅游产业地位的不断提升以及大力发展边境旅游的趋势不断显现，项目和资本聚焦中西部、东北部的态势正在形成，政策、体制和资本的叠加效应逐步释放出来，为全国各区域发挥地缘优势，扩大对内对外开放中积极承接产业转移、全面加快产业结构优化升级提供强大的动力支持。从数据上而言，尽管地区之间仍然存在着差异，但差异呈现缩小的态势。2015年中西部地区旅游收入的增长率分别为20.5%和22.9%，超过东部地区15.6%的增长率；旅游人次的增长率分别为15.1%和13.4%，超过东部地区10.0%的增长率。中西部地区旅游发展的后发效应与比较优势逐渐凸显，区域之间的合作与战略链接为全国旅游业稳健发展提供保证。

六、"十三五"时期区域目的地发展趋势展望

(一) 大力调整旅游供需矛盾与产品结构

各省份将着力解决旅游产品结构的突出矛盾,调和旅行社、酒店局部性过剩传统产业和人民群众快速增长的大众化、个性化、体验化需求快速增长的冲突。加快打造开发高品质的度假休闲旅游目的地,完善适应散客时代公共服务体系配套及相关的配套体系;重视旅游目的地六大要素收入的差异,逐步增加旅游娱乐、购物、体验、文化消费,调和交通、住宿、景区门票等刚性消费支出比重较高的现状。

(二) 实现旅游品牌创建,促进旅游目的地品质突破

从数据上来看,中国旅游规模水平得到较为显著的提升,但品质质量提升较为欠缺与滞后,对质量和服务的重视还不足,集中在服务体系、管理体系等方面的建设与典型旅游目的地创建方面。旅游目的地服务提升作为"十三五"时期中国旅游提升的重要方面,与整个公共服务体系相结合,全面突破。从要素配置向服务体系构建转变,做好围绕产业发展的行业服务系统的构建,从粗放服务向精细服务、品质服务转变,做好个性服务与标准化服务的结合,从传统服务向专业服务转变,做好围绕旅游的生产性服务和消费性服务的薄弱环节,如旅游加工制造、旅游商品设计生产、旅游规划设计等。实现从景点、产品、宾馆酒店等有形内容的建设转变到旅游文化、旅游服务、旅游体验等无形内容的发展。

(三) 逐步发挥旅游业在扶贫攻坚和全面建设小康社会中新主战场的作用

在"十三五"时期,把旅游业提至新常态经济新动力、国家民生、国家福利层面考量,把旅游业纳入国家福利政策体系,推进旅游业从产业经济属性更多转向社会属性、民生属性、事业属性,全面谋划带薪休假、修学旅游、区域联动等,使旅游业实实在在地纳入国家一级战略体系,真正提升旅游业在国民经济发展中的地位。寻找新的经济驱动引擎,利用旅游业的纽带将文化、生态、民生有机结合和联动发展,释放高效、综合的经济效益。逐步引导旅

游运营管理模式从重建设转向重管理、重软件、重服务等方面；加大与科技结合的力度，实现商业模式创新、装备制造创新、旅游产品创新、文化创意创新。大力推进全域旅游、特色旅游目的地、特色旅游基地、国家风景道等品牌创建工作。

第四章
区域旅游流研究

本年度区域旅游流的分析继续沿用交通流量推导法，依托航空流量分析环渤海、长三角、珠三角、中部六省、东北地区、成渝地区等六大区域之间的大尺度旅游流空间分布，依托铁路流量分析环渤海经济区、长三角经济区、泛珠三角、中部六省等区域内部的中尺度旅游流空间分布，研究结果表明旅游流总体特征并未发生显著变化，局部变化较为明显，其中成渝和云贵地区逐步成为新的旅游增长极。另外，根据旅游流通道便捷指数公式，综合旅游流通道长度、广度以及交通流量等指标，依托旅游流通道便捷指数分析了六大经济区的旅游流通道便捷度，研究结果显示仍以长三角内部的旅游流通道便捷度为最高，且便捷指数值有所上升。本年度新增加互联网对我国区域旅游流特征影响，分别从互联网对区域旅游流流量、流向以及流速的特征进行了研究，提出充分利用互联网引导旅游流的战略构思。另外，本研究今年增加了"十二五"的区域旅游总结，并提出了对未来发展的趋势展望。

一、区域旅游流主要特征

本年度继续沿用上一年度的划分标准，依据行政区域、物理距离以及客流量大小三个因素将旅游流流动尺度划分为大尺度、中尺度和小尺度三个层次。本研究主要依托航空流量研究大尺度旅游流和依托铁路流量研究中尺度旅游流，而小尺度旅游流的时空模式相对稳定，较上一年度基本没有变化，因此不予重复研究。

（一）大尺度旅游流分析

根据大尺度旅游流流动矩阵可以看出，我国当前大尺度旅游流主要是长三角经济区与珠三角经济区的双向旅游流、环渤海经济区与珠三角经济区的双向旅游流、长三角经济区与环渤海经济区的双向旅游流、东部三大经济区与成渝地区的双向旅游流以及长三角经济区与中部地区的双向旅游流。由此可以总结出大尺度旅游流主要表现在以下三方面：东部三大经济区之间旅游流流动所形成的金三角双向旅游流、东部三大经济区流向中部地区和西部旅游资源大省的西向旅游流、西部经济相对发达地区流向东部三大经济区的东向旅游流。从区域旅游发展模式来看，金三角双向旅游流具有很强的经济性，而且市场因素和自身资源的驱动性也较强，属于混合驱动型旅游流；西向旅游流具有资源导向及政策导向特征，属于资源驱动型和政策驱动型旅游流；东向旅游流具有一定的经济性，属于经济驱动型旅游流。

表 4-1 大尺度旅游流流动矩阵

客源地＼目的地	环渤海经济区	长三角经济区	珠三角经济区	中部地区	东北地区	成渝地区	云贵地区
环渤海经济区	4（-4）	123（-13）	124（+71）	54（+2）	19（+4）	97（+54）	65
长三角经济区	122（+17）	2（0）	183（+104）	83（+27）	32（+12）	105（+70）	86
珠三角经济区	124（+81）	183（+107）	19（+3）	63（+30）	23（+16）	101（+74）	43
中部地区	54（+9）	83（+28）	63（+39）	0（-1）	15（+7）	49（+29）	50
东北地区	19（+5）	32（+12）	99（+16）	15（+8）	0（0）	12（+7）	9
成渝地区	98（+33）	102（+40）	102（+55）	49（+11）	13（+4）	0（-1）	56
云贵地区	67	90	59	50	9	56	16

注：查询地址为 http：//flight. elong. com。
航班时间为 2015 -12 -04，周五。
括号内是与 2010 年相比增加或减少的数量，+表示增加，-表示减少。

1. 以环渤海经济区为客源地的旅游流空间分布

当以环渤海经济区为客源地时（见表4-1），可以看出其最主要的旅游流首先是流向珠三角经济区和长三角经济区，每天均有124和123架次的航班从环渤海经济区内的客源地流向珠三角经济区和长三角经济区内主要旅游目的地省市。其次是流向成渝地区的旅游流，每天有97架次的航班飞往该目的地省市。再次是云贵地区和中部地区，每天分别有65和54架次的航班飞往该目的地省市。然后是东北地区，每天有19架次的航班飞往该区域。与"十二五"伊始的2010年年底数据相比，以环渤海经济区为客源地的旅游流空间分布变化较明显，由以流向长三角经济区、珠三角经济区和中部地区为主变为以流向珠三角经济区、长三角经济区和成渝地区为主，除流向长三角经济区的旅游流流量小幅度下降外，流向其他各区域的旅游流流量均有所上升，其中流向成渝地区的旅游流流量增幅最大。

表4-2 大尺度旅游流流动矩阵详表

客源地	目的地	北京	天津	河北	山东	上海	江苏	浙江	广东	福建	湖北	湖南	河南	辽宁	四川	重庆	云南	贵州
环渤海经济区	北京	0	0	0	1	55	10	26	64	13	17	15	2	11	35	24	28	10
	天津	0	0	1	0	13	0	4	18	5	5	5	3	3	7	9	8	2
	河北	0	1	0	0	5	2	4	5	0	0	0	0	2	4	4	4	2
	山东	1	0	0	0	4	0	0	14	5	2	4	1	3	6	8	8	3
长三角经济区	上海	55	13	5	4	0	1	0	81	15	19	16	17	18	32	22	26	10
	江苏	10	0	2	0	1	0	0	33	5	0	9	1	7	10	10	13	7
	浙江	25	4	4	0	0	0	0	49	0	5	5	11	7	16	15	16	14
珠三角经济区	广东	30	10	3	7	36	18	28	0	7	10	4	10	9	27	22	19	5
	福建	14	5	0	5	15	5	0	10	0	8	6	4	3	5	7	6	5

续表

客源地		目的地 北京	天津	河北	山东	上海	江苏	浙江	广东	福建	湖北	湖南	河南	辽宁	四川	重庆	云南	贵州
中部地区	湖北	17	5	0	2	20	0	5	18	8	0	0	0	6	8	6	12	5
	湖南	15	5	0	4	15	9	6	6	6	0	0	0	4	10	7	11	1
	河南	2	3	0	1	16	1	11	21	4	0	0	0	5	9	9	14	7
东北地区	辽宁	11	3	2	3	18	7	7	20	3	6	4	5	0	6	6	7	2
成渝地区	四川	35	7	4	6	30	9	16	49	5	8	10	9	7	0	0	18	10
	重庆	24	9	4	9	22	10	13	41	7	6	7	9	6	0	0	19	9
云贵地区	云南	28	8	4	3	30	13	16	35	6	12	11	14	7	18	19	0	8
	贵州	11	2	2	3	10	7	14	13	5	5	1	7	2	10	9	8	0

注：除广东省所查航班为广州市和深圳市外，其余所查航班的出发地或目的地均为该省（区、市）的省会城市。

从环渤海经济区主要客源省市细化分析来看（见表4-2），在环渤海经济圈中，北京市、天津市、河北省和山东省两省两市经济发展相对较好，选取其作为重要的客源地，辽宁省纳入东北地区统计范围。首先是以北京为客源地时，可以看出北京流向广东的旅游流流量相对最大，每天分别有64架次的航班从北京飞往广东；其次是流向上海的旅游流，每天有55架次的航班；再次是流向四川的旅游流，每天有35架次的航班；而仅从航班架次来判断，北京飞往河南和山东的客流量最少，然而距离较近，所以该数字不能说明北京流向两地的客流量较少，只能说明北京通过航空流向河南和山东的旅游流相对最少。与"十二五"伊始的2010年年底数据相比，以北京作为客源地的旅游流流向基本不变，北京流向广东和上海的流量仍然是最大。

当以天津作为客源地时，天津流向广东的旅游流流量也是相对最多，每天有18架次的航班从天津飞往广东；其次是上海，每天有13架次的航班。而仅从航班架次来看，由于天津距离北京较近，天津没有流向北京的航班，因此不能用航班说明问题。但与"十二五"伊始的2010年年底数据相比,以天津作为客源地的旅游流流向基本不变,天津流向广东和上海的流量仍然是最大,飞往重庆航班跃居第三,飞往江苏航班减少为零,其他大部分省市变化较小。

当以河北作为客源地时,河北流向上海、广东的旅游流流量相对最多,每天有5架次的航班从河北飞往上海和广东。仅从航班架次来看,河北流向其他地区的航班架次很少,表明河北省居民大尺度出游力较小。与"十二五"伊始的2010年年底数据相比,以河北作为客源地的旅游流流向没有发生明显变化,仍以流向上海、广东为第一大旅游流,增加了长途旅游目的地如浙江、云南的客流量,减少了短途如河南的客流量,而其他地区无明显变化。

当以山东作为客源地时,山东流向广东的旅游流流量最多,每天有14架次的航班从山东流向广东;其次为流向重庆、云南的客流量,每天有8架次航班从山东流向两地;然后是流向四川、福建的航线,每天分别有6、5架次的航班。与"十二五"伊始的2010年年底数据相比,以山东作为客源地的旅游流流向变化较明显,流向上海、北京、浙江的旅游流大幅度减少,流向西南旅游目的地的旅游流有所增加,而其他地区无明显变化。

2. 以长三角经济区为客源地的旅游流空间分布

当以长三角经济区为客源地时(见表4-1),可以看出流向珠三角经济区的旅游流流量相对最大,每天有183架次的航班从长三角经济区的主要客源地省市飞往珠三角经济区的主要目的地省市。长三角经济区的第二大旅游流是流向环渤海经济区主要目的地省市,每天有122架次的航班飞往该区域的主要目的地。再次是流向成渝地区重要旅游目的地省市,每天有105架次的航班。而长三角经济区流向东北地区的旅游流相对最小,每天仅有32架次的航班从长三角流向该区域主要目的地。与"十二五"伊始的2010年年底数据相比,以长三角经济区为客源地的旅游流向变化较明显,珠三角、环渤海经济区仍然是长三角经济区的主要旅游目的地,而成渝地区的旅游客流量增长得最快,相对增加了70次航班;相对而言,环渤海经济区和东北地区的旅游客流量变化较少,分别增加了17架次和12架次的航班。总体来看,以长三角经济区为客源的旅游流总体均有所增加,但变化程度差异较明显。

从长三角经济区主要客源省市细化分析来看(见表4-2),长三角经济区的主要客源地省市包括上海市、江苏省和浙江省。当以上海作为客源地时,上海流向广东的旅游流流量相对最大,每天有 81 架次航班从上海飞往广东;其次是北京,每天有 55 架次的航班从上海飞往北京;再次是四川,每天有 32 架次的航班从上海飞往四川。而仅从航班架次来看,上海流向山东和河北的旅游流流量相对最小,每天都只有 4、5 架次的航班。与"十二五"伊始的 2010 年年底数据相比,以上海作为客源地的旅游流流量无明显变化,广东、北京仍是主要旅游流,除了山东有减少以外,其余省市旅游流流量均有所增加,从总体上看,以上海为客源地的旅游流增长潜力较大。

当以江苏省作为客源地时,江苏流向广东的旅游流流量相对最大,每天有 33 架次的航班从江苏流向广东;其次是流向云南,每天有 13 架次的航班;再次是流向四川、重庆和北京,每天有 10 架次的航班。从航班架次来看,江苏没有流向天津、浙江、湖北和山东的航线,江苏流向河南、河北的旅游流流量相对较小,每天只有 1、2 架次航班流向两省。与"十二五"伊始的 2010 年年底数据相比,以江苏作为客源地的旅游流流向变化不大,仍以广东为第一大旅游流,云南超越北京成为了第二大旅游流,湖北、山东航班减少,其他省市或有小幅度增加或不变。

当以浙江省作为客源地时,浙江流向广东的旅游流流量相对最大,每天有 49 架次的航班从浙江飞往广东;其次是流向北京,每天有 25 架次的航班;再次是流向云南和四川,每天均有 16 架次的航班。仅从航班架次来看,浙江没有流向江苏和福建的旅游流航班,由于浙江距离这两个省市较近,不能完全用航班来说明问题;亦没有航班从浙江飞往山东、上海。与"十二五"伊始的 2010 年年底数据相比,以浙江作为客源地的旅游流流向没有太大变化,浙江流向广东、北京的旅游流仍是前两大旅游流,旅游流流量总体上有所增加,其中,浙江流向河南的增幅最大,流向周边省市的流量有一定减少。

3. 以珠三角经济区为客源地的旅游流空间分布

当以珠三角经济区作为主要客源地时(见表 4-1),可以看出从该客源区域流向长三角经济区的旅游流相对最大,每天有 183 架次的航班从珠三角经济区的主要客源地省市飞往长三角经济区的主要目的地省市。珠三角经济区的第二大旅游流是流向环渤海经济区的,每天有 124 架次的航班飞往该区域的主要目的地。再次是流向成渝地区的重要旅游目的地省市,每天有 101 架次的航班。而珠三角经济区流向东北地区的旅游流在主要目的地中相对最小,每天仅有 23

架次的航班从珠三角经济区流向该区域主要目的地。与"十二五"伊始的 2010 年年底数据相比，以珠三角经济区为客源地的旅游流向变化较明显，长三角、环渤海经济区仍然是长三角经济区的主要旅游目的地，而成渝地区的旅游客流量增长幅度较大，相对增加了 74 次航班；相对而言，中部地区和东北地区的旅游客流量变化较少，分别增加了 30 和 16 架次的航班，总体来看，以珠三角经济区为客源的旅游流总体均有所增加，其中珠三角流向长三角地区旅游流增幅最明显。

从珠三角经济区主要客源省市细化分析来看（见表 4-2），珠三角经济区客源省市主要包括广东省和福建省，其中广东省经济发达，无疑是珠三角经济区内部最大的一个客源地，福建省则可作为重要的客源地。当以广东省作为客源地时，广东流向上海的旅游流流量相对最大，每天有 36 架次的航班从广东飞往上海；其次是流向北京和浙江的旅游流，每天分别有 30、28 架次航班从广东飞往北京和浙江；再次是流向四川的旅游流，每天有 27 架次航班从广东飞往江苏。而仅从航班架次来看，广东流向河北、湖南的旅游流流量相对最小，每天分别有 3、4 架次航班从广东飞往河北和湖南；其次是流向贵州的旅游流流量相对较小，每天有 5 架次航班从广东飞往贵州。与"十二五"伊始的 2010 年年底数据相比，以广东作为客源地的旅游流流向仍以广东流向上海、北京和浙江这三大旅游流为主，旅游流流量总体上呈现较大的增幅，而广东流向河南、福建的旅游流流量相对有微量的减少。

当以福建省作为客源地时，福建流向上海的旅游流流量相对最大，每天有 15 架次航班从福建飞往上海；其次是北京，每天有 14 架次航班从福建飞往北京；然后是广东，每天有 10 架次航班从福建飞往广东。而仅从航班架次来看，福建流向辽宁的旅游流流量相对较小，每天仅有 3 架次的航班从福建飞往辽宁。与"十二五"伊始的 2010 年年底数据相比，以福建作为客源地时旅游流流量总体上有所增加，上海、北京和广东仍是该省三大旅游流向地。

4. 以中部地区为客源地的旅游流空间分布

当以中部地区为客源地时（见表 4-1），可以看出从该客源区域流向长三角经济区的旅游流相对最大，每天有 83 架次的航班从中部地区的主要客源地省市飞往长三角经济区的主要目的地省市。中部地区的第二大旅游流流向是珠三角经济区，其中每天有 63 架次的航班飞往该区域的主要目的地省市。再次是环渤海经济区和云贵地区的重要旅游目的地省市，每天分别有54、50架次的航班。而中部地区流向东北地区的旅游流在主要目的地中相对最小，每天仅有15架次的航班从中部地区飞往该区域主要目的地。与"十二五"伊始的2010年年底数据相比，以中部地区为客源地的旅游流流向无明显变化，其中，成渝地区、长三角和珠三角经济区的旅游流流量增幅较大。

从中部地区主要客源省市旅游流细化分析来看（见表4-2），其主要客源地省市包括湖北、湖南和河南。当以湖北作为客源地时，湖北流向上海的旅游流流量相对最大，每天有20架次的航班从湖北飞往上海；其次是流向广东和北京的旅游流流量相对较大，每天分别有18、17架次的航班从湖北飞往广东、北京；再次是流向云南的旅游流流量也相对较大，每天从湖北飞往这些地区的航班为12架次。而仅从航班架次来看，湖北流向贵州和浙江的旅游流流量相对较小，因为湖北距离这两个省份的距离较近，不能完全用航班说明问题，其次是流向山东、天津的旅游流流量也较小。与"十二五"伊始的2010年年底数据相比，以湖北省为客源地时旅游流流向有所变化，上海取代北京成为第一旅游流，流向上海的旅游流增加较多，增加了9架次航班，而流向大部分区域的旅游流均有小幅度上升。

当以湖南省作为客源地时，湖南流向上海和北京的旅游流流量相对最大，每天均有15架次的航班从湖南飞往上海和北京；其次是流向云南和四川，每天分别有11、10架次的航班飞往两地；再次是流向江苏，每天有9架次的航班从湖南飞往江苏。而仅从航班架次来看，湖南流向湖北、河南和河北的旅游流流量最小，每天没有航班，由于湖南距离湖北比较近，不能完全用航班说明问题。与"十二五"伊始的2010年年底数据相比，以湖南省为客源地时旅游流流向无明显变化，上海、北京和云南仍是湖南前三大旅游流，除河南略有下降外，其他省市旅游流流量均有所增加。

当以河南省作为客源地时，河南流向广东的旅游流流量相对最大，每天有21架次的航班从河南飞往广东；其次是上海和云南，每天分别有16和14架次的航班从河南飞往两地；再次是浙江，每天有11架次的航班从河南飞往浙江。而仅从航班架次来看，每天没有航班从河南飞往湖南和湖北，由于河南距离湖南、湖北较近，不能完全用航班说明问题，其次是河南流向天津、北京、山东和江苏的旅游流流量相对较小，每天分别有3、2、1、1架次的航班。与"十二五"伊始的2010年年底数据相比,以河南省作为客源地时旅游流流向略有变化,总体上旅游流流量均有所增加,广东和上海仍然是两大旅游流,流向浙江的旅游流增幅最大,而流向北京的旅游流流量降幅最大,每天相对减少了7架次航班。

5. 以东北地区为客源地的旅游流空间分布

当以东北地区为客源地时(见表4-1),可以看出从该客源区域流向珠三角经济区的旅游流相对最大,每天有99架次的航班从该区域飞往珠三角经济区的主要目的地省市。其次是流向长三角经济区的旅游流,每天有32架次的航班飞往该区域的主要目的地省市。再次是环渤海经济区的重要旅游目的地省市,每天有19架次的航班。而东北地区流向成渝和云贵地区的旅游流在主要目的地中相对最小,每天仅有12、9架次的航班从东北地区流向该区域主要目的地。与"十二五"伊始的2010年年底数据相比,以东北地区为客源地的旅游流流向无明显变化,珠三角、长三角和环渤海经济区仍是三大旅游流,中部地区旅游流流量均有小幅度增长,其中流向珠三角经济区的旅游流增幅最大,环渤海经济区增长较慢。

从东北地区主要客源省市的旅游流细化分析来看(见表4-2),东北地区包括东北三省——黑龙江、辽宁、吉林,目前最具潜力的客源地仅有辽宁省。对于其旅游流空间分布来说,客流量相对最大的城市是广东,每天有20架次的航班从辽宁飞往广东;其次是上海,每天有18架次的航班从辽宁飞往上海;再次是北京,每天有11架次的航班从辽宁飞往北京。而仅从航班架次来看,辽宁流向河北、贵州的旅游流相对最小,每天均有2架次的航班飞往两省。与"十二五"伊始的2010年年底数据相比,以辽宁为客源地时旅游流流向变化不大,仍主要是广东、上海和北京,除北京减少1架次外,其他各个省市的旅游流量均有小幅度增加,其中增加最快的是广东,增加最慢的是山东和四川。

6. 以成渝地区为客源地的旅游流空间分布

当以成渝地区为客源地时(见表4-1),可以看出从该客源区域流向长三角和珠三角经济区的旅游流相对最大,每天均有102架次的航班从成渝地区的主要客源省市飞往两个经济区的主要目的地省市。成渝地区的第三大旅游流流向是环渤海经济区,每天有98架次的航班飞往该区域的主要目的地省市。再次是云贵和中部地区的重要旅游目的地省市,每天分别有56和49架次的航班。

而成渝地区流向东北地区的旅游流在主要目的地中相对最小，每天仅有 13 架次的航班从成渝地区流向该区域主要目的地。与"十二五"伊始的 2010 年年底数据相比，以成渝地区为客源地的旅游流流向无明显变化，总体上流量均有所增加，其中以成渝地区流向东部三大经济区的旅游流增幅最大。

从成渝地区主要客源省市旅游流细化分析来看（见表 4 – 2），四川和重庆均是我国主要客源地。当以四川作为客源地时，四川流向广东的旅游流流量相对最大，每天有 49 架次的航班从四川飞往广东；其次是流向北京，每天有 35 架次的航班从四川飞往北京；再次是上海，每天有 30 架次的航班。而仅从航班架次来看，四川流向河北和福建的旅游流流量相对最小，每天仅有 4、5 架次的航班从四川飞往两地；其次是山东、辽宁和天津，每天仅有 6、7 架次的航班飞往两地。与"十二五"伊始的 2010 年年底数据相比，以四川为客源地时旅游流流向基本上没有变化，仍以流向北京、广东和上海为主要旅游流，广东跃居第一大主要旅游流；除了湖北，旅游流流量总体上都有所增加，其中，流向上海和浙江的流量增幅最大。

当以重庆为客源地时，重庆流向广东的旅游流流量相对最大，每天有 41 架次的航班从重庆飞往广东；其次是流向北京，每天有 24 架次的航班从重庆飞往北京；再次是流向上海和云南，每天分别有 22、19 架次的航班飞往两省。而仅从航班架次来看，重庆流向四川的旅游流流量相对最小，每天没有航班，由于重庆距离四川较近，不能完全用航班说明问题；其次是流向河北旅游流流量相对较小，每天仅有 4 架次的航班从重庆飞往河北。与"十二五"伊始的 2010 年年底数据相比，以重庆作为客源地时旅游流流向无明显变化，广东、北京、上海和云南仍位居前列，旅游流流量总体上有所增加。从增长的幅度来看，广东是增长最快的省份，其次是江苏、浙江。

7. 以云贵地区为客源地的旅游流空间分布

当以云贵地区为客源地时（见表 4 – 1），可以看出从该客源区域流向长三角经济区的旅游流相对最大，每天分别有 90 架次的航班从成渝地区的主要客源省市飞往长三角经济区的主要目的地省市。云贵地区的第二大旅游流流向是环渤海经济区，每天有 67 架次的航班飞往该区域的主要目的地省市。再次是珠三角和成渝地区的重要旅游目的地省市，每天分别有 59、56 架次的航班。而云贵地区流向东北地区的旅游流在主要目的地中相对最小，每天仅有 9 架次的航班从云贵地区飞往该区域主要目的地。

从云贵地区主要客源省市旅游流细化分析来看（见表4-2），云南和贵州均是我国重要客源地。当以云南作为客源地时，云南流向广东的旅游流流量相对最大，每天有35架次的航班从云南飞往广东；其次是流向上海，每天有30架次的航班；再次是流向北京，每天有28架次的航班从云南飞往北京。而仅从航班架次来看，云南流向河北和福建的旅游流流量相对最小，每天仅有4、6架次的航班从云南飞往两地；其次是辽宁和贵州，每天仅有7、8架次的航班飞往两地。

当以贵州作为客源地时，贵州流向浙江的旅游流流量相对最大，每天有14架次的航班从贵州飞往浙江；其次是流向广东，每天有13架次的航班；再次是流向北京和上海，每天分别有11、10架次的航班从贵州飞往两地。而仅从航班架次来看，贵州流向湖南的旅游流流量相对最小，每天仅有1架次的航班从贵州飞往湖南；其次是辽宁、天津和河北，每天均有2架次的航班飞往这些省市。

（二）中尺度旅游流分析

中尺度旅游流主要是指区域内部、周边省份以及省级内部各城市的旅游流，一般物理距离均在100~500千米之间。在此主要选择内部流动较大的环渤海经济区、长三角经济区以及珠三角经济区等几个旅游流较大的区域进行分析。

1. 环渤海经济区内部旅游流

从环渤海经济区内部来看，北京作为我国经济、政治和文化中心，无疑是环渤海内部最大的一个客源地也是最主要的目的地。天津作为我国重要的直辖市，也是我国重要的客源地和目的地。在河北省内，北戴河改造完工的火车站于2011年开始投入运营，考虑到北戴河作为环渤海地区的主要旅游目的地，所以将其也纳入统计范围。对于山东来说，由于其经济在全国发展水平较高，其各个地级市均可作为重要的客源地。而对于目的地来说，选择山东旅游业发展较好的地级市作为目的地，具体选择济南、威海、烟台、潍坊和济宁。

当以北京为客源地时，整体上可以看出北京流向天津和石家庄的旅游流流量最大，每天分别有165、152次列车从北京发往天津和石家庄，这一方面反映京津冀的经济关联性，另一方面表明了天津和石家庄是北京在环渤海经济区最主要的目的地；我们将秦皇岛、北戴河作为旅游流考察目的地，从北京到两地的车次分别有47、28次，便利的交通在某种程度上促进两地旅游人数的增加；对于北京流向山东的旅游流来说，其中流量相对最大的城市为济南，每天有87次列车从北京发往济南。与"十二五"伊始的2010年年底数据相比，以北京作为客源地时旅游流流向无明显变化，但旅游流流量总体上均有所增加。从增长的幅度来看，天津、石家庄和济南的旅游流流量增幅最大，整体到河北旅游流流量增幅最大。

当以天津作为客源地时，可以看出天津流向北京的旅游流流量最大，每天有168次列车从天津发往北京，北京是天津在环渤海经济区最主要的目的地，也就是说，在环渤海经济区，北京和天津的相互关联性较大；对于天津流向河北的旅游流来说，其中流量相对最大的城市为秦皇岛，由2010年的26次上升到了2015年的56次，而天津流向北戴河的旅游流流量为24次，这表明天津前往秦皇岛的旅游流大于到北戴河的旅游流；对于天津流向山东的旅游流来说，其中流量相对最大的城市为济南，每天有77次列车从天津发往济南。与"十二五"伊始的2010年年底数据相比，以天津作为客源地时旅游流流向无明显变化，但旅游流流量总体上均有所增加。从增长的幅度来看，流向北京的旅游流流量增幅最大，每天增加了66次的列车，流向济南和秦皇岛的旅游流流量增幅次之，分别增加了35、30次。总之，在环渤海内部，北京仍为天津旅游流流量最大客源地，而流向山东的旅游流流量略高于流向河北的旅游流流量。

当以河北作为客源地时，可以看出河北流向北京的旅游流流量相对最大，每天有145次列车从河北省会石家庄发往北京；河北流向天津的旅游流流量次之，每天有78次列车从河北唐山发往天津，这反映了京津冀一体化战略的良好开展与落实；对于河北流向山东的旅游流来说，每天有67次列车从河北沧州发往山东济南。与"十二五"伊始的2010年年底数据相比，在环渤海内部，北京仍为河北旅游流流量最大客源地，且增幅最大，流向天津的旅游流流量略高于流向山东的旅游流流量，但流向山东的客流量增幅略大于流向天津的客流量增幅。

当以山东作为客源地时，可以看出山东流向天津旅游流流量相对最大，每天分别有77、61次列车从山东济南、德州发往北京；山东流向北京的旅游流流量次之，每天分别有90、50次列车从山东济南、德州发往北京；对于山东流向河北的旅游流来说，其中流量相对较大的城市是石家庄、北戴河和秦皇岛地区，共有37次列车从济南开往这三个地区。与"十二五"伊始的2010年年底数据相比,在环渤海内部,以山东作为客源地时旅游流流向变化不是很大,天津仍为山东旅游流流量最大客源地,北京为山东第二大旅游流流向,但增幅最大,流向河北的旅游流流量相对最小,增幅亦最小,这表明山东旅游客源市场的潜力还有待进一步挖掘。

表4-3 环渤海经济区内部旅游流分析

客源地	目的地	北京	天津	河北					山东					
				石家庄	承德	北戴河	秦皇岛	保定	济南	青岛	威海	烟台	潍坊	济宁
北京		—	165	152	8	28	47	104	87	13	2	3	17	2
天津		168	—	21	1	24	56	8	77	16	2	4	21	0
河北	石家庄	145	21	—					8	2	0	2	4	0
	唐山	43	78						27	7	0	1	8	0
	北戴河	22	23						10	1	0	0	1	0
	秦皇岛	34	52						14	2	0	1	3	0
	邯郸	54	11						1	0	0	1	1	0
	邢台	46	9						1	0	0	1	1	0
	保定	95	8						0	0	0	0	0	0
	张家口	23	6						1	1	0	0	1	0
	承德	8	1						0	0	0	0	0	0
	沧州	37	56						67	14	2	3	18	0
	廊坊	43	26						23	6	0	1	7	0
	衡水	18	29						8	3	0	1	4	2

续表

目的地 客源地		北京	天津	河北					山东					
				石家庄	承德	北戴河	秦皇岛	保定	济南	青岛	威海	烟台	潍坊	济宁
山东	济南	90	77	8	0	9	20	0						
	青岛	13	15	2	0	3	6	0						
	威海	2	1	0	0	0	0	0						
	烟台	3	3	2	0	0	0	0						
	日照	1	2	0	0	0	1	0						
	淄博	16	18	4	0	3	6	0						
	枣庄	22	18	1	0	1	4	0						
	东营	1	1	0	0	0	0	0			—			
	潍坊	17	19	4	0	3	6	0						
	济宁	2	0	0	0	0	0	0						
	泰安	24	28	4	0	4	13	0						
	滨州	1	1	0	0	0	0	0						
	德州	50	61	18	1	7	19	0						
	聊城	13	19	8	0	2	7	0						
	临沂	2	2	0	0	0	1	0						
	菏泽	13	20	7	0	2	8	0						
	莱芜	0	0	0	0	0	0	0						

注：查询地址为 https：//kyfw.12306.cn/otn/leftTicket/init。列车时间为 2015－12－04，周五。

从环渤海经济区内部旅游流总体来看（见表 4-4），当以北京为客源地时，北京流向河北的旅游流流量相对最大，其次是流向天津的旅游流流量，最后是流向山东的旅游流流量。当以天津为客源地时，天津流向北京的旅游流流量相对最大，其次是流向山东的旅游流流量，最后是流向河北的旅游流流量。当以河北为客源地时，河北流向北京的旅游流流量相对最大，其次是流向天津的旅游流，最后是流向山东的旅游流流量。当以山东为客源地时，山东流向天津的旅游流相对最大，其次是流向北京的旅游流流量，最后是流向河北的旅游流流量。

总体来看，在环渤海经济区内部，每天河北发往北京的列车流量最多，说明河北流向北京的旅游流是环渤海内部最主要旅游流，而天津流向河北的旅游流流量在环渤海内部是最小的。与"十二五"伊始的 2010 年年底数据相比，环渤海经济区内部旅游流向无明显变化，仍以河北流流向北京为第一大旅游流，北京流向河北取代河北流向天津成为第二大旅游流，河北流向天津位居第三位。而且，环渤海经济区的旅游流流量均有大幅度增加，其中河北流向北京的流量增加最多，增加了 227 的流量，天津流向山东的流量增加得最少，增加了 51 的流量。

表 4-4 环渤海经济区内部旅游流总体分析

目的地 客源地	北京	天津	河北	山东
北京	—	165（+63）	339（+187）	124（+80）
天津	168（+66）	—	110（+64）	120（+51）
河北	568（+227）	320（+88）	—	259（+132）
山东	270（+144）	285（+93）	184（+79）	—

2. 长三角经济区内部旅游流

从长三角经济区内部来看，上海作为我国经济中心和国际化大都市，无疑是长三角内部最大的一个客源地也是最主要的目的地。江苏作为东部沿海城市，经济较为发达，其各个地级市均可作为重要的客源地，而对于目的地来说，选择江苏著名的旅游城市作为目的地，具体选择南京、苏州和扬州。对于同样是东部沿海城市的浙江来说，经济也较为发达，各个地级市均可作为重要的客源地，而对于目的地来说，选择浙江著名的旅游城市作为目的地，包括杭州、宁波和绍兴。

当以上海为客源地时，可以看出上海流向南京的旅游流流量最大，每天有240次列车从上海发往江苏省会南京，214次列车从上海发往江苏苏州。对于上海流向浙江的旅游流来说，其中客流量相对最大的城市是杭州，每天有167次列车从上海发往浙江省会杭州。与"十二五"伊始的2010年年底数据相比，在长三角经济区内部，以上海作为客源地时旅游流流向无明显变化，流向江苏的旅游流流量仍然大于流向浙江的旅游流流量，但两省差距进一步加大，即上海流向江苏南京和苏州的旅游流流量增幅最大，分别是106、108次列车，而流向浙江的旅游流增幅较小，平均增幅为36次。

当以江苏作为客源地时，可以看出江苏流向上海的旅游流流量最大，每天有238次列车从江苏省会南京发往上海，有216次列车从苏州发往上海。对于江苏流向浙江的旅游流来说，其中流量相对最大的城市是杭州，每天有91次列车从江苏省会南京发往浙江省会杭州。与"十二五"伊始的2010年年底数据相比，在长三角经济区内部，以江苏作为客源地时旅游流流向没有变化，流向上海的旅游流流量仍然最大，且增幅较大为472，其次是流向浙江，增幅为317。

当以浙江作为客源地时，可以看出浙江流向上海的客流量最大，每天有162次列车从浙江省会杭州发往上海。对于浙江流向江苏的旅游流来说，其中客流量相对最大的城市是南京，每天有90次列车从浙江杭州发往江苏南京。与"十二五"伊始的2010年年底数据相比，在长三角经济区内部，以浙江作为客源地时旅游流流向基本没有变化，流向上海的流量仍位居第一位，其次是流向江苏，但流向江苏的旅游流流量增幅略大于流向上海。

表 4-5 长三角经济区内部旅游流分析

客源地		目的地 上海	江苏			浙江		
			南京	苏州	扬州	杭州	宁波	绍兴
上海		—	240	214	1	167	55	43
江苏	南京	238				91	33	30
	苏州	216				36	15	14
	扬州	1		—		1	0	0
	常州	183				33	15	14
	连云港	1				0	0	0
	无锡	190				35	15	14
	泰州	1				1	0	0
	徐州	86				37	11	10
	镇江	138				23	10	10
浙江	杭州	162	90	36	1			
	宁波	49	35	15	0			
	温州	35	25	11	0			
	绍兴	46	33	15	0		—	
	嘉兴	117	25	26	1			
	金华	74	23	11	1			
	衢州	45	12	8	0			
	台州	25	19	8	0			
	丽水	2	4	1	0			

注：查询地址为 https://kyfw.12306.cn/otn/leftTicket/init。
列车时间为 2015-12-04，周五。

从长三角经济区内部旅游流总体来看（见表 4-6），当以上海为客源地时，上海流向江苏的旅游流流量相对最大,其次是流向浙江的旅游流流量。当以江苏为客源地时,江苏流向上海的旅游流流量相对最大,其次是流向浙江的旅游流流量。当以浙江为客源地时,浙江流向上海的旅游流流量相对最大,其次是流向江苏的旅游流流量。

  总体来看,在长三角经济区内部,每天江苏流向上海的旅游流流量相对最大,是长三角经济区内部最主要的旅游流,而上海流向浙江的旅游流流量在长三角内部最小。与"十二五"伊始的2010年年底数据相比,长三角经济区内部旅游流流向没有变化,仍以江苏流向上海为第一大旅游流,浙江流向上海为第二大旅游流,上海流向江苏为第三大旅游流;但在流向结构上,江苏流向上海的客流量上升幅度较大。

表4-6　长三角经济区内部旅游流总体分析

目的地 客源地	上海	江苏	浙江
上海	—	455（+214）	265（+108）
江苏	1054（+472）	—	448（+317）
浙江	555（+247）	400（+293）	—

3. 泛珠三角经济区内部旅游流

  从泛珠三角经济区内部来看,广东经济发达,无疑是泛珠三角经济区内部最大的一个客源地,也是最主要的目的地。福建各地级市均可作为重要的客源地,而对于目的地来说,选取旅游业发展较好的地级市,具体选择福州和厦门。广西各地级市也可作为重要的客源地,而对于目的地来说,选取旅游业发展较好的地级市,具体选择南宁和桂林。

  当以广东作为客源地时,可以看出广东流向广西的旅游流流量相对最大,其中流量最大的是每天有41次列车从广东省广州市发往广西省会南宁市;对于广东流向福建的旅游流来说,其中客流量相对最大的城市是厦门,每天均有38次列车从广东深圳和惠州发往厦门。与"十二五"伊始的2010年年底数据相比,在泛珠三角经济区内部,以广东作为客源地时旅游流流向和旅游流流量变化较明显,一方面,广东惠州和深圳两个新兴的主要客源地,流向福建的旅游流流量增幅较大；另一方面，广东广州和肇庆作为两个主要的旅游客源地，流向广西的旅游流流量增幅较大。

当以福建作为客源地时，可以看出福建流向广东的旅游流流量相对最大，其中最大的流量是厦门开往深圳的流量，每天有36次；对于福建流向广西的旅游流来说，流向南宁和桂林的旅游流流量相近，每天有3、4次列车从福建发出。与"十二五"伊始的2010年年底数据相比，在泛珠三角经济区内部，以福建作为客源地时旅游流流向和旅游流流量变化较明显，流向广东的流量增幅较大，为81，并成为区域内主要流向，而流向广西的流量略有增加。

当以广西作为客源地时，可以看出广西流向广东的旅游流流量相对最大，每天有48次列车从广西贵港发往广东省会广州，有41次列车从广西省会南宁发往广州；对于广西流向福建的旅游流来说，其中客流量相对最大的城市是厦门。与"十二五"伊始的2010年年底数据相比，在泛珠三角经济区内部，以福建作为客源地时旅游流流向和旅游流流量变化较明显，流向广东的流量增幅较大，高达132，成为区域内主要流向，而流向福建的流量略有增加。

表4-7　泛珠三角经济区内部旅游流分析

客源地	目的地	广东			福建		广西	
		广州	深圳	珠海	福州	厦门	南宁	桂林
广东	广州	—	—	—	0	3	41	27
	深圳	—	—	—	19	38	4	4
	韶关	—	—	—	0	0	0	1
	佛山	—	—	—	0	1	5	0
	江门	—	—	—	0	0	0	0
	湛江	—	—	—	0	0	2	2
	茂名	—	—	—	0	1	3	1
	肇庆	—	—	—	0	1	31	23
	惠州	—	—	—	19	38	1	0
	梅州	—	—	—	0	2	1	0

续表

客源地	目的地	广东			福建		广西	
		广州	深圳	珠海	福州	厦门	南宁	桂林
广东	河源	—			0	2	1	0
	东莞				0	2	2	0
福建	福州	0	19	0	—		0	1
	厦门	2	36	0			1	0
	漳州	2	26	0			1	0
	龙岩	2	2	0			1	1
	三明	0	2	0			0	1
	南平	0	0	0			0	1
广西	南宁	41	4	0	0	1	—	
	柳州	14	3	0	1	0		
	桂林	28	4	1	1	0		
	贵港	48	5	0	0	1		
	玉林	10	4	0	0	1		
	百色	4	1	0	0	1		
	来宾	8	2	0	0	0		
	崇左	0	0	0	0	0		

注：查询地址为https：//kyfw.12306.cn/otn/leftTicket/init。
列车时间为2015-12-04，周五。

从泛珠三角经济区内部旅游流总体来看（见表4-8），当以广东为客源地时，广东流向广西的旅游流流量相对较大，其次是流向福建的旅游流流量。当以福建为客源地时，福建流向广东的旅游流流量相对较大，其次是流向广西的旅游流流量。当以广西为客源地时，广西流向广东的旅游流流量相对较大，其次是流向福建的旅游流流量。

总体来看,广西流向广东的旅游流流量相对最大,是泛珠三角经济区内部的最主要旅游流,广东流向广西和福建的旅游流位居第二、第三,而广西流向福建和福建流向广西的旅游流流量在珠三角经济区内最小。与"十二五"伊始的2010年年底数据相比,旅游流流向由各省间差异不大变为趋于广东为主,即以广东作为客源地和目的地的流量增幅较大,其他流量基本不变。

表4-8 泛珠三角经济区内部旅游流总体分析

目的地 客源地	广东	福建	广西
广东	—	126(+110)	149(+119)
福建	91(+81)	—	7(+4)
广西	177(+132)	6(+2)	—

4. 中部六省之间旅游流

中部六省包括河南、湖北、湖南、安徽、山西和江西。其中经济相对较发达的是湖北、湖南和河南,其他三省相对比较落后,所以选取湖北、湖南和河南3个省份的各地级市作为重要的客源地。而对于目的地来说,湖北、湖南、河南和安徽的旅游业发展相对较好,所以选取这4个省份的旅游业发展相对较好的地级市作为目的地,湖北省具体选择武汉、宜昌和十堰,湖南省具体选择长沙、张家界、湘西和衡阳,河南省具体选择郑州、开封、洛阳和焦作,安徽省具体选择合肥、黄山和池州。

当以湖北为客源地时,可以看出湖北流向湖南的旅游流流量相对最大,其中客流量相对最大的城市是长沙,每天有142次列车从湖北省会武汉发往湖南省会长沙;对于湖北流向河南的旅游流来说,其中客流量相对最大的城市是郑州,每天有98次列车从湖北省会武汉发往河南省会郑州;对于湖北流向安徽的旅游流来说,其中客流量相对最大的城市是合肥,每天有50次列车从湖北省会武汉发往安徽省会合肥。与"十二五"伊始的2010年年底数据相比,在中部六省之间,以湖北作为客源地时旅游流流向基本没有变化,旅游流流量均有大幅度增加,其中以湖北流向湖南的旅游流流量增幅最大。

当以湖南作为客源地时,可以看出湖南流向湖北的旅游流流量相对最大,其中客流量相对最大的城市是武汉，每天有142次列车从湖南省会长沙发往湖北省会武汉；对于湖南流向河南的旅游流来说，其中客流量相对最大的城市是郑州，每天有71次列车从湖南省会长沙发往河南省会郑州；对于湖南流向安徽的旅游流来说，其中客流量相对最大的城市是合肥，每天有10次列车从湖南长沙发往合肥。与"十二五"伊始的2010年年底数据相比，在中部六省之间，以湖南作为客源地时旅游流流向基本没有变化，旅游流流量均有大幅度增加，其中以湖南流向湖北的旅游流流量增幅最大。

当以河南作为客源地时，可以看出河南流向湖北的旅游流流量相对最大，其中客流量相对最大的城市是武汉，每天有97次列车从河南省会郑州发往湖北省会武汉；对于河南流向湖南的旅游流来说，其中客流量相对最大的城市是长沙，每天有71次列车从河南省会郑州发往湖南省会长沙；对于河南流向安徽的旅游流来说，其中客流量相对最大的城市是合肥，每天有12次列车从河南商丘发往安徽省会合肥。与上一年度相比，在中部六省之间，以河南作为客源地时旅游流流向基本没有变化，旅游流流量均有大幅增加，其中以河南流向湖南的旅游流流量增幅最大。

表4-9 中部六省之间旅游流（列车次数）

客源地	目的地	湖北			湖南			河南			安徽		
		武汉	宜昌	十堰	长沙	张家界	衡阳	郑州	开封	洛阳	合肥	黄山	池州
湖北	武汉	—	—	—	142	0	74	98	4	21	50	0	0
	黄石				0	0	0	4	0	3	0	0	0
	十堰				4	0	4	11	4	2	2	0	0
	宜昌				10	3	6	8	0	1	14	0	0
	襄阳				8	8	7	14	5	10	2	0	0
	荆州				1	0	0	2	0	0	14	0	0
	荆门				3	7	3	2	0	5	0	0	0
	鄂州				0	0	0	3	0	3	0	0	0
	孝感				17	0	12	23	2	7	0	0	0

续表

客源地	目的地	湖北			湖南			河南			安徽		
		武汉	宜昌	十堰	长沙	张家界	衡阳	郑州	开封	洛阳	合肥	黄山	池州
湖北	黄冈	—			0	0	0	0	0	0	0	0	0
	咸宁				56	0	31	19	2	3	8	0	0
	随州				4	0	4	1	1	3	1	0	0
	恩施				6	0	4	6	0	0	10	0	0
湖南	长沙	142	9	4	—			71	3	14	10	1	0
	株洲	43	6	4				17	3	7	4	3	3
	湘潭	7	0	0				4	0	0	4	1	1
	衡阳	78	6	4				35	3	11	5	2	3
	邵阳	4	0	0				3	0	0	0	0	0
	岳阳	97	4	3				43	3	12	8	0	0
	张家界	0	3	0				1	0	5	0	0	0
	益阳	0	4	1				0	0	0	0	0	0
	常德	0	4	1				0	0	0	0	0	0
	娄底	9	0	0				5	0	0	3	0	0
	郴州	65	6	4				27	3	9	3	2	0
	永州	15	0	0				12	0	1	2	0	3
	怀化	18	2	0				12	0	3	4	1	1

续表

客源地	目的地	湖北			湖南			河南			安徽		
		武汉	宜昌	十堰	长沙	张家界	衡阳	郑州	开封	洛阳	合肥	黄山	池州
河南	郑州	97	7	11	71	1	38				8	0	0
	洛阳	22	1	2	15	5	12				5	0	0
	商丘	6	0	4	4	0	6				12	1	0
	安阳	27	3	5	16	3	9				0	0	0
	南阳	3	2	11	2	6	2				3	0	0
	开封	4	0	2	3	0	3				5	0	0
	平顶山	8	2	12	4	6	4				1	0	0
	焦作	1	0	1	0	4	0		—		0	0	0
	新乡	30	2	4	15	5	8				0	0	0
	鹤壁	16	2	3	8	1	4				0	0	0
	许昌	37	1	1	23	0	13				0	0	0
	漯河	52	2	3	34	0	27				1	0	0
	三门峡	15	1	0	10	1	6				3	0	0
	信阳	72	3	0	44	0	29				4	0	0
	周口	3	0	1	1	0	1				1	0	0
	驻马店	59	2	0	40	0	30				1	0	0
	济源	1	0	1	0	3	0				0	0	0

注：查询地址为 https://kyfw.12306.cn/otn/leftTicket/init。
列车时间为 2015-12-04，周五。

从中部六省内部旅游流总体来看（见表 4-10），当以湖北省为客源地时，湖北流向湖南的旅游流流量相对最大，其次是流向河南的旅游流流量，最后是流向安徽的旅游流。当以湖南为客源地时，湖南流向湖北的旅游流流量相对最大，其次是流向河南的旅游流流量，最后是流向安徽的旅游流。当以河南为客源地时,河南流向湖北的旅游流流量相对最大,其次是流向湖南的旅游流流量,最后是流向安徽的旅游流。

总体来看,湖南流向湖北的旅游流流量相对最大,是中部六省之间最主要的旅游流,河南流向湖北的旅游流流量紧随其后,而河南流向安徽的旅游流流量在中部六省内部是最小的。与"十二五"伊始的2010年年底数据相比,中部六省之间旅游流流向无明显变化,湖南流向湖北的旅游流流量跃居第一,河南流向湖北和湖南的旅游流是第二、第三大旅游流。中部六省之间旅游流总体流量均有所增加,其中湖南流向湖北的旅游流流量增幅最大,湖南与湖北、河南与湖北、河南与湖南之间的旅游流流量增幅较大,这表明河南、湖南、湖北三省之间的经济关联开始越来越密切。

表4-10 中部六省内部旅游流总体分析

目的地 客源地	湖北	湖南	河南	安徽
湖北	—	414(+210)	267(+126)	101(+81)
湖南	543(+278)	—	307(+146)	64(+52)
河南	542(+190)	517(+232)	—	45(+15)

二、旅游流通道便捷度

(一)旅游流通道便捷指数

旅游流通道便捷指数主要是指旅游流在通道中流动时的便利快捷程度。该指数的大小主要与目的地之间航班次数、列车班次以及旅游流通道长度有很大关系。为了更好地反映出旅游流通道的便捷度,借助通道便捷指数公式对各区域旅游流进行计算。具体公式如下:

$$J = \frac{H \cdot \gamma + L \cdot \sigma + G\chi + D\varepsilon + \cdots\cdots}{R}$$

其中,J表示旅游交通便捷指数;H表示航班次数;L表示列车次数;G表示旅游大巴班次;D表示地铁等城市有轨列车班次;"……"表示其他交通方式的次数。R 表示北京与对流省市之间的物理距离；其中 γ 和 σ、χ、ε 均表示待定系数。

旅游流通道长度主要是指旅游流空间流动轨迹的长度。由于省际旅游流通道长度即为航空距离，因此旅游流通道长度选取航空距离。将距离 800 千米以内的省市划分为近距离对流省市，将距离在 801~1500 千米省市定为中距离对流省市，将距离在 1500 千米以上作为远距离对流省市。

旅游流通道广度是指目的地之间旅游流流动时各种有效可替代交通方式的种类，其中有效可替代交通方式是指在便利程度和快捷程度方面相当的交通方式。一般来说，可替代交通方式越多旅游通道的广度越广，可替代性交通方式越少，旅游流通道的广度越窄。对于国际间入境旅游流来说，可替代性相对较弱，绝大多数旅游流仅能依靠航空方式。而对于省际旅游流来说，除了航空方式外，还可选择铁路作为替代工具。对于区内旅游流通道来说，除了以上各种交通方式外，还有国道、省道以及旅游专线等作为替代。对于市区的旅游流通道来说，其可替代的交通方式最多。总体来看，空间尺度越小，旅游流通道的广度越广。具体对近距离旅游通道宽度来说，由于游客对铁路便捷性的心理感知要强于航空，所以分别对 γ 取值 10，对 σ 取值为 15，即旅游流通道宽度用 H10 + L15 来计算；对于中距离旅游流通道宽度来说，由于游客对航空和铁路的便捷度心理感知差异不大，所以对 γ 和 σ 均取值为 10，即旅游流通道宽度用 H10 + L10 来计算；对于远距离旅游流通道宽度来说，由于游客对航空的便捷度感知要远远大于铁路，所以分别对 γ 取值 15，对 σ 取值为 5，即旅游流通道宽度用 H15 + L5 来计算。

根据旅游流便捷指数计算公式对各经济区之间的旅游流通道便捷度进行计算。

（二）旅游流通道便捷度分析

1. 以环渤海经济区为客源地的旅游流通道便捷度分析

在环渤海经济区，北京的经济实力最强，旅游业发展也最好，因此选取北京作为环渤海经济区的代表。从流向环渤海内部来看，北京流向天津的旅游流通道便捷度大于流向河北的旅游流通道便捷度，而北京流向河北的旅游流通道便捷度大于流向山东的旅游流通道便捷度；从流向长三角经济区来看，北京流向上海的旅游流通道便捷度大于流向江苏的旅游流通道便捷度，而北京流向江苏的旅游流通道便捷度大于流向浙江的旅游流通道便捷度；从流向珠三角经济区来看，北京流向广东的旅游流通道便捷度大于流向福建的旅游流通道便捷度；从流向中部地区来看，北京流向河南的旅游流通道便捷度大于流向山西的旅游流通道便捷度，北京流向山西的旅游流通道便捷度大于流向湖北的旅游流通道便捷度，北京流向湖北的旅游流通道便捷度大于流向湖南的旅游流通道便捷度，北京流向湖南的旅游流通道便捷度大于流向安徽的旅游流通道便捷度；从流向其他地区来看，北京流向东北地区的旅游流通道便捷度大于流向成渝地区的旅游流通道便捷度，北京流向成渝地区的旅游流通道便捷度大于流向云贵地区的旅游流通道便捷度。

从省际通道便捷度总体来看，北京流向天津的旅游流通道便捷度最大，旅游流通道便捷指数为20.63。然后依次是河北、山东、河南和辽宁；而北京流向福建和云南地区的旅游流通道便捷度最小，旅游流通道便捷指数为0.14和0.19。

从区域通道便捷度总体来看，以环渤海经济区为客源地时，环渤海经济区流向东北地区的旅游流通道便捷度相对最大，旅游流通道便捷指数为1.26；其次是流向中部地区的旅游流通道便捷度较大，旅游流通道便捷指数为0.82，再次是流向长三角经济区的旅游流通道便捷度，旅游流通道便捷指数为0.61。而环渤海经济区流向云贵地区的旅游流通道便捷度最小，旅游流通道便捷指数仅为0.19；其次是流向成渝地区和珠三角经济区的旅游流通道便捷度，旅游流通道便捷指数分别为0.34和0.35。

表4-11 以环渤海经济区为客源地的旅游流通道

北京流向		通道长度（千米）	航班次数（次/天）	列车次数（次/天）	通道广度	省际通道便捷指数	区域通道便捷指数
环渤海	天津	120	0	165	2475	20.63	9.88
	河北	392	0	152	2280	5.82	
	山东	412	1	87	1315	3.19	

续表

北京流向		通道长度（千米）	航班次数（次/天）	列车次数（次/天）	通道广度	省际通道便捷指数	区域通道便捷指数
长三角	上海	1178	55	42	970	0.82	0.61
	浙江	1200	26	14	400	0.33	
	江苏	981	10	57	670	0.68	
珠三角	广东	1967	64	24	1080	0.55	0.35
	福建	1681	13	9	240	0.14	
中部地区	河南	690	2	88	1340	1.94	0.82
	湖南	1446	15	34	490	0.34	
	湖北	1133	17	52	690	0.61	
	安徽	959	5	18	230	0.24	
	山西	522	6	30	510	0.98	
东北地区	辽宁	649	11	47	905	1.26	1.26
成渝地区	四川	1630	35	6	555	0.34	0.34
云贵地区	云南	2266	28	4	440	0.19	0.19

注：查询地址为 http://flight.elong.com/；
https://kyfw.12306.cn/otn/leftTicket/init。
航班时间为 2015-12-11，周五。

2. 以长三角经济区为客源地的旅游流通道便捷度分析

在长三角经济区，上海的经济实力最强，旅游业发达，因此选取上海作为长三角经济区的代表。从流向长三角内部来看，上海流向浙江的旅游流通道便捷度大于流向江苏的旅游流通道便捷度；从流向环渤海经济区来看，上海流向北京的旅游流通道便捷度大于流向山东的旅游流通道便捷度，上海流向山东的旅游流通道便捷度大于流向天津的旅游流通道便捷度，上海流向天津的旅游流通道便捷度大于流向河北的旅游流通道便捷度；从流向珠三角经济区来看，上海流向福建的旅游流通道便捷度大于流向广东的旅游流通道便捷度；从流向中部地区来看，上海流向安徽的旅游流通道便捷度大于流向湖北的旅游流通道便捷度，上海流向湖北的旅游流通道便捷度大于流向湖南的旅游流通道便捷度，上海流向湖南的旅游流通道便捷度大于流向河南的旅游流通道便捷度，上海流向河南的旅游流通道便捷度大于流向山西的旅游流通道便捷度；从流向其他地区来看，上海流向成渝地区的旅游流通道便捷度大于流向东北地区的旅游流通道便捷度，上海流向东北地区的旅游流通道便捷度大于流向云贵地区的旅游流通道便捷度。

从省际通道便捷度总体来看，上海流向浙江的旅游流通道便捷度最大，旅游流通道便捷指数为18.15，然后依次是江苏、安徽、福建和北京。而上海流向山西和河北的旅游流通道便捷度最小，旅游流通道便捷指数为0.11。

从区域通道便捷度总体来看，以长三角经济区为客源地时，长三角经济区流向珠三角地区的旅游流通道便捷度相对最大，旅游流通道便捷指数为0.83；其次是流向中部地区的旅游流通道便捷度较大，旅游流通道便捷指数为0.76；再次是流向环渤海经济区的旅游流通道便捷度，旅游流通道便捷指数为0.55。而长三角经济区流向云贵地区的旅游流通道便捷度最小，旅游流通道便捷指数仅为0.20，其次是流向东北地区和云贵地区的旅游流通道便捷度较小，旅游流通道便捷指数分别为0.21和0.29。

表4-12 以长三角经济区为客源地的旅游流通道

上海		通道长度（千米）	航班次数（次/天）	列车次数（次/天）	通道广度	省际通道便捷指数	区域通道便捷指数
环渤海	北京	1178	55	45	1000	0.85	0.55
	天津	1133	13	35	480	0.42	
	河北	1130	5	7	120	0.11	
	山东	852	4	67	710	0.83	
长三角	浙江	138	0	167	2505	18.15	15.69
	江苏	273	1	240	3610	13.22	

续表

上海		通道长度（千米）	航班次数（次/天）	列车次数（次/天）	通道广度	省际通道便捷指数	区域通道便捷指数
珠三角	广东	1308	81	24	1050	0.80	0.83
	福建	678	15	29	585	0.86	
中部地区	河南	887	17	19	360	0.41	0.76
	湖南	964	16	26	420	0.44	
	湖北	761	19	33	685	0.90	
	安徽	412	2	52	800	1.94	
	山西	1238	9	5	140	0.11	
东北地区	辽宁	1364	18	10	280	0.21	0.21
成渝地区	四川	1782	32	6	510	0.29	0.29
云贵地区	云南	2042	26	3	405	0.20	0.20

注：查询地址为 http://flight.elong.com/；
https://kyfw.12306.cn/otn/leftTicket/init。
航班时间为 2015-12-11，周五。

3. 以珠三角经济区为客源地的旅游流通道便捷度分析

在珠三角经济区，广东的经济实力最强，旅游业最发达，因此选取广东作为珠三角经济区的代表。从珠三角流向环渤海地区来看，广东流向北京的旅游流通道便捷度大于流向天津的旅游流通道便捷度，广东流向天津的旅游流通道便捷度大于流向河北和山东的旅游流通道便捷度；从流向长三角地区来看，广东流向浙江的旅游流通道便捷度大于流向上海的旅游流通道便捷度，广东流向上海的旅游流通道便捷度大于流向江苏的旅游流通道便捷度；从流向中部地区来看，广东流向湖南的旅游流通道便捷度大于流向湖北的旅游流通道便捷度，广东流向湖北的旅游流通道便捷度大于流向河南的旅游流通道便捷度，广东流向河南的旅游流通道便捷度大于流向安徽的旅游流通道便捷度，广东流向安徽的旅游流通道便捷度大于流向山西的旅游流通道便捷度；从流向其他地区来看，广东流向成渝地区的旅游流通道便捷度大于流向云贵地区的旅游流通道便捷度，广东流向云贵地区的旅游流通道便捷度大于流向东北地区的旅游流通道便捷度。

从省际通道便捷度总体来看，广东流向湖南的旅游流通道便捷度最大，旅游流通道便捷指数为3.62，然后依次是湖北、福建和浙江；而广东流向辽宁的旅游流通道便捷度最小，旅游流通道便捷指数为0.06。

从区域通道便捷度总体来看，以珠三角经济区为客源地时，珠三角经济区流向中部地区的旅游流通道便捷度最大，旅游流通道便捷指数为1.11；其次是流向长三角经济区的旅游流通道便捷度较大，旅游流通道便捷指数为0.35；最后是流向成渝地区的旅游流通道便捷度较大，旅游流通道便捷指数为0.26。而珠三角经济区流向东北地区的旅游流通道便捷度相对最小，旅游流通道便捷指数为0.06，其次是流向环渤海经济区的旅游流通道便捷度较小，旅游流通道便捷指数为0.13。

表4-13 以珠三角经济区为客源地的旅游流通道

广东		通道长度（千米）	航班次数（次/天）	列车次数（次/天）	通道广度	省际通道便捷指数	区域通道便捷指数
环渤海	北京	1967	30	17	535	0.27	0.13
	天津	1910	10	8	190	0.10	
	河北	1822	3	21	150	0.08	
	山东	1664	7	6	135	0.08	
长三角	上海	1308	36	19	550	0.42	0.35
	浙江	1099	28	21	490	0.45	
	江苏	1255	18	5	230	0.18	
珠三角	福建	763	7	19	355	0.47	0.47

续表

广东		通道长度 （千米）	航班次数 （次/天）	列车次数 （次/天）	通道广度	省际通道 便捷指数	区域通道 便捷指数
中部地区	河南	1389	10	40	500	0.36	1.11
	湖南	620	4	147	2245	3.62	
	湖北	873	10	97	1070	1.23	
	安徽	1105	18	9	270	0.24	
	山西	1722	11	8	205	0.12	
东北地区	辽宁	2672	9	6	165	0.06	0.06
成渝地区	四川	1390	27	9	360	0.26	0.26
云贵地区	云南	1357	19	4	230	0.17	0.17

注：查询地址为 http：//flight.elong.com/；
https：//kyfw.12306.cn/otn/leftTicket/init。
航班时间为 2015－12－11，周五。

4. 以中部地区为客源地的旅游流通道便捷度分析

在中部地区，湖南的经济实力稍强，旅游业发展也相对较好，因此选取湖南作为中部地区的代表。从流向中部地区内部来看，湖南流向湖北的旅游流通道便捷度大于流向河南的旅游流通道便捷度，而湖南流向河南的旅游流通道便捷度大于流向安徽和山西的旅游流通道便捷度；从流向环渤海地区来看，湖南流向北京的旅游流通道便捷度大于流向河北的旅游流通道便捷度，湖南流向河北的旅游流通道便捷度大于流向山东的旅游流通道便捷度，湖南流向山东的旅游流通道便捷度大于流向天津的旅游流通道便捷度；从流向长三角地区来看，湖南流向浙江的旅游流通道便捷度大于流向上海的旅游流通道便捷度，湖南流向上海的旅游流通道便捷度大于流向江苏的旅游流通道便捷度；从流向珠三角地区来看，湖南流向广东的旅游流通道便捷度大于流向福建的旅游流通道便捷度；从流向其他地区来看，湖南流向成渝地区的旅游流通道便捷度大于流向云贵地区的旅游流通道便捷度，湖南流向云贵地区的旅游流通道便捷度大于流向东北地区的旅游流通道便捷度。

从省际通道便捷度总体来看，湖南流向湖北的旅游流通道便捷度最大，旅游流通道便捷指数为6.72。然后依次是广东、河南、浙江和上海；而湖南流向辽宁的旅游流通道便捷指数最小，旅游通道便捷指数为0.03。

从区域通道便捷度总体来看，以中部地区为客源地时，中部地区内部的旅游流通道便捷度最大，旅游流通道便捷指数为1.97；其次是中部地区流向珠三角经济区的旅游流通道便捷度较大，旅游流通道便捷指数为1.85；最后是流向长三角的旅游流通道便捷度较大，旅游流通道便捷指数为0.38。而中部地区流向东北地区的旅游流通道便捷度相对最小，旅游流通道便捷指数为0.03；其次是流向云贵地区的旅游流通道便捷度较小，旅游流通道便捷指数为0.14。

表4-14 以中部地区为客源地的旅游流通道

	湖南	通道长度（千米）	航班次数（次/天）	列车次数（次/天）	通道广度	省际通道便捷指数	区域通道便捷指数
环渤海	北京	1446	15	38	530	0.37	0.23
	天津	1353	5	6	110	0.08	
	河北	1249	0	43	430	0.34	
	山东	1228	4	9	130	0.11	
长三角	上海	964	15	26	410	0.43	0.38
	浙江	805	6	33	390	0.48	
	江苏	799	9	6	180	0.23	
珠三角	广东	620	6	143	1925	3.56	1.85
	福建	743	6	3	105	0.14	
中部地区	河南	828	0	71	710	0.86	1.97
	湖北	317	0	142	2130	6.72	
	安徽	641	0	10	150	0.23	
	山西	1174	5	2	70	0.06	
东北地区	辽宁	2191	4	3	75	0.03	0.03

续表

湖南		通道长度（千米）	航班次数（次/天）	列车次数（次/天）	通道广度	省际通道便捷指数	区域通道便捷指数
成渝地区	四川	940	10	6	160	0.17	0.17
云贵地区	云南	1116	11	5	160	0.14	0.14

注：查询地址为http：//flight.elong.com/；
https：//kyfw.12306.cn/otn/leftTicket/init。
航班时间为2015-12-11，周五。

5. 以东北地区为客源地的旅游流通道便捷度分析

在东北地区，辽宁的经济实力较强，旅游业发展也相对较好，因此选取辽宁作为东北地区的代表。从流向环渤海地区来看，辽宁流向北京的旅游流通道便捷度大于流向天津的旅游流通道便捷度，辽宁流向天津的旅游流通道便捷度大于流向山东的旅游流通道便捷度，辽宁流向山东的旅游流通道便捷度大于流向河北的旅游流通道便捷度；从流向长三角地区来看，辽宁流向上海的旅游流通道便捷度大于流向江苏的旅游流通道便捷度，而辽宁流向江苏的旅游流通道便捷度大于流向浙江的旅游流通道便捷度；从流向珠三角地区来看，辽宁流向福建的旅游流通道便捷度略大于流向广东的旅游流通道便捷度；从流向中部地区来看，辽宁流向河南的旅游流通道便捷度大于流向湖北的旅游流通道便捷度，辽宁流向湖北的旅游流通道便捷度大于流向山西的旅游流通道便捷度，辽宁流向山西的旅游流通道便捷度大于流向湖南和安徽的旅游流通道便捷度；从流向其他地区来看，辽宁流向成渝地区的旅游流通道便捷度等于流向云贵地区的旅游流通道便捷度。

从省际通道便捷度总体来看，辽宁流向北京的旅游流通道便捷度最大，旅游流通道便捷指数为1.26。然后依次是天津、山东、上海；而辽宁流向湖南和安徽的旅游流通道便捷度较小，旅游流通道便捷指数均为0.03。

从区域通道便捷指数来看，东北地区流向环渤海经济区的旅游流通道便捷度较大，旅游流通道便捷指数为0.63；其次是流向长三角和珠三角经济区的旅游流通道便捷度较大，旅游流通道便捷指数均为0.13。而东北地区流向云贵和成渝地区的旅游流通道便捷度最小，旅游流通道便捷指数均为0.04。

表 4 – 15 以东北地区为客源地的旅游流通道

辽宁		通道长度 （千米）	航班次数 （次/天）	列车次数 （次/天）	通道广度	省际通道 便捷指数	区域通道 便捷指数
环渤海	北京	649	11	47	815	1.26	0.63
	天津	829	3	68	710	0.86	
	河北	974	2	9	110	0.11	
	山东	900	3	23	260	0.29	
长三角	上海	1364	18	10	280	0.21	0.13
	浙江	1849	7	5	130	0.07	
	江苏	1630	7	14	175	0.11	
珠三角	广东	2672	20	6	330	0.12	0.13
	福建	2042	3	1	50	0.13	
中部地区	河南	1339	5	9	140	0.10	0.06
	湖南	2191	4	3	75	0.03	
	湖北	1859	6	7	125	0.07	
	安徽	1608	2	3	45	0.03	
	山西	1171	2	5	70	0.06	
成渝地区	四川	2346	6	2	100	0.04	0.04
云贵地区	云南	2935	7	1	110	0.04	0.04

注：查询地址为 http：//flight. elong. com/；
https：//kyfw. 12306. cn/otn/leftTicket/init。
航班时间为 2015 – 12 – 11，周五。

6. 以成渝地区为客源地的旅游流通道便捷度分析

在成渝地区，四川的经济实力较强，旅游业发展也相对较好，因此选取四川作为成渝地区的代表。从流向环渤海地区来看，四川流向北京的旅游流通道便捷度大于流向河北的旅游流通道便捷度，四川流向河北的旅游流通道便捷度大于流向天津的旅游流通道便捷度，四川流向天津的旅游流通道便捷度大于流向山东的旅游流通道便捷度；从流向长三角地区来看，四川流向上海的旅游流通道便捷度大于流向浙江的旅游流通道便捷度，四川流向浙江的旅游流通道便捷度大于流向江苏的旅游流通道便捷度。从流向珠三角地区来看，四川流向广东的旅游流通道便捷度大于流向福建的旅游流通道便捷度；从流向中部地区来看，四川流向湖北的旅游流通道便捷度大于流向河南的旅游流通道便捷度，四川流向河南的旅游流通道便捷度大于流向湖南的旅游流通道便捷度，四川流向湖南的旅游流通道便捷度大于流向安徽的旅游流通道便捷度，四川流向安徽的旅游流通道便捷度大于流向山西的旅游流通道便捷度；从流向其他地区来看，四川流向云贵地区的旅游流通道便捷度大于流向东北地区的旅游流通道便捷度。

从省际通道便捷度总体来看，四川流向广东的旅游流通道便捷度最大，旅游流通道便捷指数均为0.42。然后依次是云南、北京、湖北和上海；而四川流向辽宁、山东和福建的旅游流通道便捷度最小，旅游流通道便捷指数均为0.05；其次是流向山西的旅游流通道便捷度较小，旅游流通道便捷指数为0.06。

从区域通道便捷度总体来看，以成渝地区为客源地时，成渝地区流向云贵地区的旅游流通道便捷度最大，旅游流通道便捷指数为0.38；其次是流向珠三角地区的旅游流通道便捷度较大，旅游流通道便捷指数为0.24；再次是流向长三角经济区的旅游流通道便捷度较大，旅游流通道便捷指数均为0.18。而成渝地区流向东北地区的旅游流通道便捷度最小，旅游流通道便捷指数仅为0.05；其次是流向环渤海经济区的旅游流通道便捷度较小，旅游流通道便捷指数为0.14。

表4-16 以成渝地区为客源地的旅游流通道

四川		通道长度（千米）	航班次数（次/天）	列车次数（次/天）	通道广度	省际通道便捷指数	区域通道便捷指数
环渤海	北京	1630	35	6	555	0.34	0.14
	天津	1640	7	3	120	0.07	
	河北	1357	4	8	120	0.09	
	山东	1419	6	1	70	0.05	

续表

四川		通道长度（千米）	航班次数（次/天）	列车次数（次/天）	通道广度	省际通道便捷指数	区域通道便捷指数
长三角	上海	1782	30	6	480	0.27	0.18
	浙江	1699	16	5	265	0.16	
	江苏	1618	9	8	175	0.11	
珠三角	广东	1390	49	9	580	0.42	0.24
	福建	1771	5	2	85	0.05	
中部地区	河南	1039	9	11	200	0.19	0.16
	湖南	940	10	6	160	0.17	
	湖北	1047	8	26	340	0.32	
	安徽	1392	4	6	100	0.07	
	山西	1173	4	3	70	0.06	
东北地区	辽宁	2346	7	2	115	0.05	0.05
云贵地区	云南	711	18	6	270	0.38	0.38

注：查询地址为 http://flight.elong.com/；
https://kyfw.12306.cn/otn/leftTicket/init。
航班时间为 2015-12-11，周五。

从全国范围来看，上海流向长三角内部的旅游流通道便捷度最高，便捷度指数是 15.69；其次是北京流向环渤海内部的旅游流通道便捷度较高，便捷度指数是 9.88；湖南流向中部地区内部、湖南流向珠三角经济区、北京流向东北地区的旅游流通道便捷度也较高，便捷度指数均不小于 1。而湖南流向东北地区的旅游流通道便捷度最低，便捷度指数仅为 0.03；辽宁流向成渝和云贵地区的旅游流通道便捷度次之，便捷度指数均仅为 0.04；四川流向东北地区的旅游流通道便捷度较低，便捷度指数仅为 0.05。从这一结果来看，旅游流通道便捷度的高低与物理距离呈负相关、与经济发达程度和交通便利程度则有着正相关关系。

三、"十二五"时期区域旅游流发展回顾

21世纪以来,在国内旅游蓬勃发展的背景条件下,为了将旅游业建设成为人民群众更加满意的现代服务业,区域旅游已经成为大势所趋。五年间,区域旅游呈现出鲜明的特点,区域旅游的协同发展在延长旅游目的地生命周期、缩短旅游空间距离以及满足旅游多元化需求等方面发挥着积极的影响。

(一)区域旅游流表现出东强西弱、南强北弱的格局

十二五期间,高铁等交通方式的完善带来的通达性提高、各大国家战略做出的倾斜、雾霾天气的出现等对旅游流产生很大的影响。总体来讲,旅游流特征并未发生显著变化,但局部变化较为明显,表现为:大尺度旅游流主要是长三角经济区与珠三角经济区的双向旅游流、环渤海经济区与珠三角经济区的双向旅游流、长三角经济区与环渤海经济区的双向旅游流、东部三大经济区与成渝地区的双向旅游流以及长三角经济区与中部地区的双向旅游流,尤其是成渝和云贵地区逐步成为新的旅游增长极;中尺度旅游流主要是环渤海经济区、长三角经济区、珠三角经济区及中部六省地区,尤其是珠三角经济区内以广东作为客源地和目的地的流量增幅较大。

(二)快速交通体系的发展带动了沿线区域旅游流的快速流动

中国仍有很多资源禀赋较高,但受制于交通而未获良好发展的旅游目的地。随着交通条件的改善,必然会涌现大批新的区域旅游流。近年来,航线的增班加密、邮轮线路走红、高铁四通八达、高速公路贯通的进一步发展,为国际、国内的区域旅游合作搭建了平台,促进了区域旅游合作的蓬勃发展。

(三)三大战略稳步推进区域旅游发展

2015年,随着国家旅游产业体系的不断完善,发展思路的不断成熟,同时,国家政策给予了重要倾斜,使得区域旅游合作获得进一步发展,跨区域旅游合作也更加紧密。"一带一路"战略、京津冀协同发展战略以及长江经济带战略定会带来实质性进展。

（四）互联网将继续影响区域旅游流

从整体来看，互联网上关于景点、景区住宿等内容的热搜词，营销内容，景区景点信息的实时更新以及游记和城区景点对旅游形象塑造、危机管理等，均对旅游流的流向、流速的空间和时间上以及流量带来很大的影响。互联网的发展既是机遇也是挑战，城市、景区应当充分利用，例如，通过互联网塑造旅游形象，同时，打造互联网络联盟，增进区域旅游的发展。

四、"十三五"时期区域旅游流发展趋势展望

（一）国家战略将成为区域旅游流发展新动力

2015 年，随着国家旅游产业体系的不断完善，发展思路的不断成熟，同时，国家政策给予了重要倾斜，使得区域旅游合作获得进一步发展，跨区域旅游合作也更加紧密。

1. "一带一路"战略带动大尺度旅游流发展

2013 年，中国国家主席习近平提出"一带一路"战略构想以来，中国高度重视与丝路沿线国家的旅游合作，到 2014 年，中国与丝路沿线国家双向旅游交流已超过 2500 万人次。旅游业是黎巴嫩的重要外汇来源和经济支柱产业，2015 年 5 月，为了扩大与中国的旅游合作，黎巴嫩开始采取"走出去，请进来"的策略；8 月，陆上丝路起点城市西安与海上丝绸之路始发港城市北海携手推进旅游合作……伴随着"一带一路"战略稳步推进，区域旅游合作不断升级，今后将促进申遗、目的地基础设施建设与管理、国际营销上的合作。从空间次序上可先开展（大湄公河、锡尔河、里海、黑海、咸海等河湖）等区域合作，中巴经济走廊、孟中印缅经济走廊、中俄蒙经济走廊、新欧亚大陆桥等相邻相亲国家合作，最终实现"一带一路"旅游一体化。

2. 京津冀协同发展战略促进中尺度区内流动

随着协同发展战略的推进，2015 年京津冀地区产业发展、交通设施建设等方面可谓硕果累累：4 月 30 日，中共中央政治局会议审议通过《京津冀协同发展规划纲要》，标志着京津冀协同发展完成顶层设计，进入到一个新阶段；7 月，国际奥委会决定将 2022 年冬奥会举办权交给北京；京津冀地区通过一系列

新政策推进创业创新目标的落实，吸引了人才和投资者的青睐；北京疏解产业和人口的速度明显加快；《京津冀协同发展交通一体化规划》也明确了2020年，京津冀交通一体化将基本实现由"单中心放射状"通道格局向"四纵四横一环"网络化格局转变等。京津冀旅游一体化在旅游区域建设上发力，取得成绩的同时，"大旅游"格局发展步伐加快：2015年，蓟县借势京津冀一体化发展，明确品牌定位，全力推进旅游业转型升级，全县接待中外游客增长16%，旅游直接收入增长18%；明确了京津冀相邻的5个县市将在3年内联合打造京东休闲旅游区，并重点发展休闲文化、生态养生度假和乡村旅游等。

3. 长江经济带战略将带动沿线区域间旅游流流动

2015年12月28日，国家发改委发布了《国家发展改革委关于进一步加强区域合作工作的指导意见》（发改地区〔2015〕3107号），要求进一步加强区域合作工作，明确指出要加快推进长江经济带建设，贯彻落实《国务院关于依托黄金水道推动长江经济带发展的指导意见》（国发〔2014〕39号），认真组织实施即将出台的《长江经济带发展规划纲要》，支持沿江11省市建立和完善地方政府协商合作机制，高起点高水平合作建设综合交通运输体系，推进沿江产业有序转移和优化升级，加强流域生态环境保护和建设，推动上中下游地区协调发展、沿海沿江沿边全面开放。发挥长三角区域合作组织作用，加快推进长三角一体化，带动长江经济带协调发展。2016年将进入全面落地实施阶段。

相比陆运与空运，水运在运输成本上具有天然优势，是长江经济带建设过程中优先发展的运输方式。目前长江经济带沿线的港口呈现集中化趋势，南京、武汉、南通、镇江、重庆等大港的港口吞吐量合计占据沿线总量的65%。

（二）"互联网+"将对旅游流产生重大影响

在现代人生活中，互联网的地位越来越重要，成为了许多人生活和工作中不可缺少的一部分，其影响亦不可忽视。2015年，全国人大代表、腾讯董事会主席兼CEO马化腾向人大提出了"互联网+"战略，试图利用互联网的平台，利用信息通信技术，把互联网和包括传统行业在内的各行各业结合起来，在新的领域创造一种新的生态，比如，传统旅行社+互联网有了携程等。互联网尤其是"互联网+"已经改变了人的生活方式，颠覆了很多传统行业。在此，从旅游流的角度，分析互联网对旅游流的流向、流速和流量上的影响。

1. 互联网对国内旅游流流向的影响

从流动的刚性需求来看,也就是目的地的不可选择性流动时,互联网不能太多地影响旅游流流向的变化,只是对目的地信息搜集等方面带来便利条件。从流动的柔性需求看,也就是目的地的可选择性流动时,互联网作为游前、游中和游后方案的提供者,明显促使了旅游流在某些区位的流动。从整体来看,互联网上关于景点、景区住宿等内容的热搜词,营销内容以及互联网上关于景区景点信息的实时更新,均对旅游流的流向产生一定程度的影响。

2. 互联网对国内旅游流流速的影响

互联网作为旅游流的外在影响因素之一,在一定程度上影响了旅游流流速的空间和时间上的变化。从空间上看,互联网抑制了某些突发事件、网络形象较差目的地的流速,促进了营销热门、网络形象较好的流速。从时间上看,旅游流受淡旺季影响,而互联网上针对淡旺季采取的一些促销或限流措施,以及人们对互联网信息的大量获取,在很大程度上缓和了这一影响。

3. 互联网对国内旅游流流量的影响

在互联网快速发展的今天,互联网对区域旅游流流量的影响很大程度取决于信息和知识的获取。2015年,"互联网+旅游"的融合效应也开始显现,新技术的应用提升了人们假日旅游的质量。根据《光明日报》的有关报道,假期游客网络预订增速迅猛,在线旅游企业假期订单增幅为100%~300%;各级政府部门利用互联网提高旅游公共服务质量,景区已有不少实践——云南丽江全面接入"支付宝"服务,游客购物休闲可实现全城手机支付;在安徽九华山,游客只需使用手机扫描二维码或"摇一摇"功能即可完成一键购票等。正是这些信息和知识的快速呈现,使得旅游流流量每年大幅度增加。

第五章
区域旅游发展的环境与趋势判断

我国区域旅游发展面临前所未有的有利环境。"十三五"期间，随着"十八届五中全会"创新发展理念的深入、"515"国家旅游发展战略和"旅游+"战略效应的不断释放以及相关既有政策的深入贯彻落实，区域旅游将继续稳步增长，创新发展空间将不断拓展，区域旅游合作与一体化格局将继续深化。

一、2016年区域旅游发展的环境判断

（一）我国经济稳中有进，为旅游消费持续增长奠定了基础

由于我国仍处在结构调整的关键阶段，加上世界经济复苏乏力，2015年我国增速进一步回落，同比增长仅为6.9%。但这一增长速度对于世界第二大经济体来说已经难能可贵，并且仍处于合理区间。它是高基础水平上实现的高水平增长，在增速放缓的同时，新的发展动能在加速成长。我国经济继续保持总体平稳、稳中有进和稳中向好的态势。

产业结构在继续优化，突出表现在服务业增长比较快，由工业主导向服务业主导转变的趋势更加明确。2015年，第三产业生产总值同比增长8.3%，比国内生产总值增速高1.4个百分点，第三产业占GDP的比重达到50.5%，比去年同期高出1.4个百分点。在中央一系列"大众创业、万众创新"政策的推动下，中国的新产业、新业态、新产品、新经济、新动力加快孕育。2015年，网上零售额增长达33.3%，新能源汽车等新产品在翻倍增长。在工业结构中，高技术产业增加值增长速度达到10.2%，比规模以上工业增长速度高出4.1个百分点。

和人民生活密切相关的几项指标表现良好。居民收入增长速度持续高于GDP增长速度，2015年，居民人均可支配收入达到21 966元，同比增长8.9%；农村居民可支配收入增速更是高于城镇居民。就业稳定，新增就业超额完成全年的计划目标。物价平稳，平均全国居民消费价格总水平比2014年仅上涨1.4%。消费需求旺盛，2015年，社会消费品零售总额300 931亿元，同比

增长10.7%。全年最终消费支出对经济增长的贡献率为66.4%，比2014年提高了15.4个百分点。

中高速的经济增长和更快的居民收入增长、稳定的消费和就业，共同奠定了旅游消费持续增长的基础。

（二）全面建成小康社会和五大发展理念为旅游经济快速发展提供了契机

旅游是人民生活水平提高的一个重要指标，让更广大的人民群众参与到旅游活动中来，享受高品质的旅游活动，是全面建成小康社会的应有之义。党的"十六大"报告提出：我国要在21世纪头二十年，集中力量，全面建设"经济更加发展、民主更加健全、科教更加进步、文化更加繁荣、社会更加和谐、人民生活更加殷实"的更高水平的小康社会，旅游业作为稳增长、调结构的经济支柱产业，对全面建成小康社会具有战略性的带动意义，而"全面建设小康社会"既是生产效率提高，也是人们的生活节奏进一步加快的过程，为我国旅游产业的发展创造了十分有利的社会环境和条件。随着人民生活水平的提高，国民的旅游意识及消费能力提升，国民的休闲时间增多，休闲半径加大，人们的旅游消费动机向休闲度假旅游和特色旅游转变。同时，旅游业具有产业关联度大、综合性强、贴近人民生活等产业特性，是能够全面贯彻创新、协调、绿色、开放、共享五大发展理念的优势产业，是拉动经济发展的重要动力，适度扩大规模有利于旅游业发挥更大作用，党的十八届五中全会通过的《中共中央关于制定国民经济和社会发展第十三个五年规划的建议》明确提出，"大力发展旅游业"。国家对发展旅游业的重视程度和旅游业战略地位不断提高，为"十三五"时期旅游业发展提供了强大动力。创新发展是"十三五"时期经济结构实现战略性调整的关键驱动因素，是旅游产业发展的根本驱动力，协调发展为区域旅游的协调、城乡旅游协调发展创造了有利条件，可持续发展的理念，促进生态旅游、绿色旅游的开发，通过旅游产业加强对外开放发展的水平，推动"一带一路"沿线国家和地区旅游合作，促进旅游产业的共享发展，为旅游经济的快速发展提供有力的契机。

（三）旅游政策环境进一步优化

党中央、国务院领导对旅游业发展和旅游工作高度重视，予以充分肯定、提出明确要求。2015年以来,习近平总书记对旅游工作做出了系列重要指示。李克强总理、汪洋副总理等也多次关心旅游工作,对旅游工作提出要求。2015年上半年,国家旅游局连推八项举措,包括掀起旅游厕所革命、治理旅游市场秩序、规范景区行为、管理旅游不文明行为等,重拳整治旅游市场,建立文明旅游长效工作机制,实行《游客不文明行为记录管理暂行办法》,开展全国游客不文明行为记录管理工作等。继2014年国务院发布《关于促进旅游业改革发展的若干意见》文件之后,2015年8月4日,国务院办公厅印发《关于进一步促进旅游投资和消费的若干意见》,就旅游投资和消费的改革创新和促进工作做出了全面部署,措施之实、亮点之多、力度之大均前所罕见,旅游发展环境不断改善。除此之外,在《中共中央、国务院关于构建开放型经济新体制的若干意见》《国务院关于积极发挥新消费引领作用加快培育形成新供给新动力的指导意见》《国务院办公厅关于加快发展生活性服务业促进消费结构升级的指导意见》等文件中也专门对促进旅游发展做出了阐述。国家旅游局在年初推出了"515战略",并相继提出旅游厕所革命、全域旅游、"旅游+"等重大行动,在各地掀起了旅游业改革创新和发展的新一轮热潮。同时,还联合发改委、国务院扶贫办、国家中医药管理局等部门制定了多项促进旅游发展的文件,如国家质检总局、国家标准委发布《休闲露营地建设与服务规范》国家标准,国土资源部、住房和城乡建设部、国家旅游局联合发布《关于支持旅游业发展用地政策的意见》等。全方位配合国家关于大力发展旅游业、促进旅游业改革发展的重大举措,形成了全社会共同发展旅游的合力。

(四)旅游交通环境不断完善

2015年,我国的交通运输业快速发展,全国铁路旅客发送量25亿人次,在2014年增长11.9%的基础上,再增长6.07%;旅客周转量1.20万亿人公里,同比增长3.45%。自2000年以来,全国铁路旅客发送量已经连续十余年取得增长。其中,沪昆高铁部分段,南广、贵广高铁、兰新高铁全线通车,全球第一条热带地区环岛高铁——海南环岛高铁全线贯通。此外,哈牡客运专线、商丘—杭州客运专线、京张铁路客运专线、郑万铁路、郑合高速铁路、济青高速铁路、汉十高铁、徐宿淮盐城际铁路、合安九客运专线、银兰客运专线、京沈通辽联络线等铁路也相继开工。在铁路"十三五"规划中,中国铁路除了进一步将高铁在全国铺开，建成"四纵四横"高铁网外，还将发展改革方向向西部倾斜，缩小东西差距，继续推动全国大通道的打通。

区域交通一体化加强，长三角、京津冀、珠三角加强交通的纵深合作，省际、城际客运发展迅速，道路交通一体化逐步完善，长春（轨道）、吉林、通化、保定等20个城市率先完成重点公交线路交通一卡通系统的升级改造和实地测试，初步实现了部分公交线路交通一卡通的互联互通。在城乡客运双向互动层面，截至2015年9月，已有14个省份的建制村通客车率超过95%，其中北京、河北、辽宁、吉林、江苏5省市农村客运已实现建制村全覆盖，全国城乡客运一体化发展水平在AAA级以上的县（区、市）比例接近80%，农村客运线路近10万条。同时，空白乡镇邮政局所补建工作自2010年7月启动以来，已建成补白网点8440个，并全部运营，惠及1.2亿农村人口，为我国区域旅游及城乡旅游的快速发展奠定了良好的交通网络基础。

二、"十三五"时期区域旅游发展趋势展望与建议

（一）在"一带一路"、京津冀协同发展、长江旅游经济带等国家战略带动下，区域旅游合作与一体化发展将日趋完善

在国际上，跨国的大区域旅游线路和发展格局日渐形成，中国与周边国家旅游的发展与互动进一步加强，以旅游为契机带动经济的发展及文化的交流，实现大区域旅游的联合发展。在国内，"三横两纵"（长江沿线旅游带、中国古老长城旅游带、陇海兰新旅游协作区和京杭大运河旅游带、青藏铁路旅游带）区域旅游空间格局将进一步优化，区域内多层次、多渠道、全方位的旅游合作交流机制以及互联互通的旅游交通、信息和服务网络将建立并不断完善，区域客源互送得到进一步加强，最终将实现旅游合作与互联互通建设的相互促进。

在京津冀协同发展、长江经济带国家战略带动下，推动以三大区域中心和十大城市群为载体的区域旅游合作，具体针对不同区域实行差别化发展战略，以充分发挥不同区域的比较优势。推进国家综合旅游发展实验区，国家旅游综合改革试点城市以及专业性的旅游综合改革示范区建设，推广长三角旅游带中上海技术引领、江浙资源辅助型的发展模式，实现区域旅游要素的合理优化配置；推动京津冀旅游圈的构建，强化河北、天津的旅游引导作用，提升其战略

引导地位，增强旅游带动功能，推动北京旅游流向周边的转移，提升区域旅游经济收益。

进一步完善相关旅游政策的制定，为区域旅游合作创造良好的政策环境；提高地方政府加强政策的执行力，强化其在旅游发展中的统筹、沟通、协调职能；加强区域旅游合作的基层建设，落实相关的法律政策、产业优化措施及监管机制，以保证旅游市场合理、规范、有序的发展。

（二）在"旅游+""515战略"的有序推进下，区域旅游创新发展空间不断拓展

"旅游+"催生新的经济形态，是开启旅游强国大门的钥匙，也是旅游业创新发展的方向。培育旅游大产业，关键是做好做足"旅游+"大文章。应充分发挥旅游在要素配置中的催化、孵化、放大、集成作用，在社会资源配置中的优化、放大和整合作用，为相关领域发展对接强劲的市场需求，提升全社会的创新活力，不断创造出新产品、新业态、新业务、新模式，构建新的发展生态。乡村旅游、农牧旅游、水利旅游、工业旅游、林业旅游、商务旅游、研学旅游、医疗旅游、养老旅游、健康旅游、休闲度假、文化旅游等，是"旅游+"的重点领域。此外，旅游业与互联网的深度融合促进了旅游发展方式的转变。应以互联网为平台和发展路径，推动互联网行业与旅游传统企业的互相渗透、融合，形成开放共享的旅游产业运营模式。要对旅游创业企业进行政策上和资金上的扶持，支持在线旅游创业创新及传统旅游企业的创新升级，推动"旅游+互联网"投融资创新，形成平台化、垂直化、细分化的旅游发展体系，拓宽旅游产业链条。

应进一步推进"515战略"，联合国家有关部委完善乡村旅游、海洋旅游、在线旅游等热点领域创业创新的细化政策，打造一批乡村旅游、红色旅游、研学旅行、智慧旅游的创客基地。推动各地在资金、土地、税收、水电价格等方面给予旅游创新企业优惠政策，提升政府服务企业发展的能力，激发大众旅游创业创新热潮。支持各类中介组织发展，提升旅游业发展活力。在改革创新中实现旅游业互联网化的转型升级和全面健康、可持续发展。

（三）东、中、西和东北"四大板块"区域旅游日趋协调发展

我国区域旅游呈现东部引领，中、西部发展迅速，东北发展势头强劲的趋

势，要依照不同区域的发展特征合理、适时、有步骤地推进区域旅游发展。东部地区应充分发挥带动作用，更加注重旅游企业转型升级和旅游新业态的发展，引进及开发新兴的旅游形式，并因地制宜地进行试点建设，同时，有效发挥东部地区的市场及交通优势，形成以东部主要城市为核心的区域性旅游交通网络，向中西部地区辐射；中部地区有效地串联了东西部的区域旅游市场，历年增长最为迅速，潜力巨大，要增强发展其动力，提升发展品质，充分发挥其在"一带一路"中的重要战略地位，并以此为契机，加强对地方政策的引导及旅游产业的扶持，推进基础设施建设，开拓旅游市场，横向上形成串联区内外的大旅游发展片区，实现经济带上的产业链纵向深化，形成中部区域旅游"以点串线、综合联动"的发展格局；西部地区依照"十三五"规划，以生态保护为前提、以资源优势为特色，进一步加大投资力度，顺利承接东中部资源与产业转移，着力打造旅游发展示范基地；东北地区应推动旅游品牌的打造与旅游产品的开发，鼓励旅游市场主体创新，寻求多元化的发展模式与区域旅游承接模式，减少季节性旅游带来的影响，进一步提升战略地位。在全国范围内，有序推进东、中、西和东北"四大板块"区域旅游协调发展，实现东部地区的稳定转型及其对中西部、东北地区的带动作用，打造特色化、活力化、多极化、全域性的区域旅游发展格局。

（四）城乡旅游渐趋协同发展

统筹城乡旅游资源，实现乡村旅游与城镇旅游互补发展。重点突出城镇扶持、乡村为特色、资源互补的开发路线，统筹城市与乡村旅游资源的协调发展。在生态保护的前提下，重点加强乡村旅游规划，改善乡村旅游发展环境。同时加快城乡旅游一体化组织体系建设，协调城乡旅游发展尺度，以资源互补推动城乡经济要素的流转，提升乡村旅游经济效益，打造乡村旅游与城镇旅游双向发展极。

深化城乡旅游联动机制，实现乡村与城镇客流的互换。推动休闲旅游、周边游的建设，鼓励城镇居民向周边郊区及乡村的旅游流动。进一步完善小区域的交通系统与大范围内的旅游通道，构建乡村—城市—乡村的城乡区域旅游闭环，形成以城镇旅游者为核心、以乡村为点线的多层次的旅游圈层体系，实现乡村与城镇客流的互换。

推动农村旅游精准扶贫试点建设，缩小城乡差距。加大政府投资力度，对乡村旅游进行科学规划、广泛试点。实行城镇对农村的"一对一"或"一对多"帮建试点，通过农村贫困户的增收逐渐缩小城乡差距，推进城乡旅游联动发展。着重打造旅游脱贫示范村，将典型案例进行全国范围内的推广。

（五）旅游生态环境保护力度加强，助推生态文明和美丽中国的建设

党的十八届五中全会，将"生态文明、坚持绿色发展、建设美丽中国"写入"十三五"规划建议，提出了"创新、协调、绿色、开放、共享"的五大发展理念。旅游业要在保护生态环境的前提下，谋求更大的绿色发展空间，构建科学合理的生态安全新格局，促进可持续发展。首先，必须坚持节约资源和环境保护的基本国策，大力发展生态旅游及低碳旅游，缓解游客与当地居民及生态资源间的矛盾。其次，加大政府政策支持力度，拓宽融资渠道，引进更多的大企业参与到旅游环境保护中来，搭建企业、景区的生态融资平台，降低开发风险。构建以保护为主、开发为辅、生态优先、资金支撑的生态补偿机制。最后，各地方政府依照旅游局下发的《景区最大承载量核定导则》推进各个景区的承载量核定工作，进一步落实各个景区的最大承载量，力争提高景区的人流周转率，实现低流量、高频次、大循环、可持续的旅游流动，同时加强旅游信息化中基于位置的服务（LBS），进行人流的智能调控，避免环境的破坏，杜绝踩踏、拥堵等不安全事故的发生。此外，优化生态旅游法律环境，打造生态旅游的科研、管理团队，跟进相应的通信、装备及保障设施，加强生态旅游基础设施的投入，形成旅游环境监测、科考研学、教育体验的全方位发展体系，同时提升旅游者、经营者、管理者的生态意识，从多个层次上树立大众可持续发展的理念，实现跨区域的生态旅游联动发展。